Anton Pelinka

Europa

Ein Plädoyer

Anton Pelinka

Europa

Ein Plädoyer

braumüller

Bibliografische Information der Deutschen Nationalbibliothek
Die Deutsche Nationalbibliothek verzeichnet diese Publikation in der Deutschen Nationalbibliografie; detaillierte bibliografische Daten sind im Internet über http://dnb.d-nb.de abrufbar.

Printed in Austria

1. Auflage 2011

Servitengasse 5, A-1090 Wien

www.braumueller.at

Satz: Palli & Palli OG, A-6020 Innsbruck
Druck: Druckerei Theiss GmbH, A-5431 St. Stefan im Lavanttal
ISBN 978-3-99100-043-3

Inhalt

Vorwort

„Das Wichtigste ist heute, das Vertrauen darauf wiederherzustellen, dass Europa Sinn hat."

Donald Tusk, Frankfurter Allgemeine Zeitung,
30. Juni 2011, S. 5

Donald Tusk, der polnische Ministerpräsident, hat mit diesem Satz – formuliert am Vorabend des Beginns der polnischen Ratspräsidentschaft – zweifellos Recht. Europa, also die EU, braucht Vertrauen. Aber mehr noch braucht Europa Wissen: Wissen um die Hintergründe, um die Motive des europäischen Einigungsprozesses; Wissen um die Entwicklungsdynamik der Union, die ja keineswegs ihre Finalität erreicht hat – weder, was ihre Territorialität, noch, was ihre politische Verfasstheit anlangt; Wissen um die Strukturen und Funktion einer Union, von der zwar niemand ganz genau beschreiben kann, was sie ist – aber alle sich einig sind, dass sie etwas Besonderes darstellt: ein Zwischending zwischen Bundesstaat, der die EU (noch) nicht ist, und Staatenbund, der die EU nicht mehr ist.

Wissen, das Vertrauen in den europäischen Integrationsprozess herstellen kann, ist aber vor allem das Wissen um die bisherige Erfolgsgeschichte. Die Union existiert – der Skepsis der radikalen Marxisten und der dogmatischen Marktgläubigen und den Widerständen der Nationalisten jedweder Prägung zum Trotz. Zum Trotz auch der Untergangsstimmung, die jedes Mal verbreitet wird, wenn das europäische Einigungswerk in einer Krise ist. Und doch hat – bisher jedenfalls – jede Krise dazu geführt, dass die Union gestärkt aus ihr hervorgegangen ist.

Krisen scheinen das Tonikum des unvollendet vereinigten Europa zu sein. Das heißt nicht, dass die Krisen – mögen sie nun Namen wie Griechenland tragen oder die scheinbare Unfähigkeit der Union betreffen, sich explizit eine Verfassung zu geben – immer nur zur Stärkung der Union beitragen müssen. Das „chicken game" – das Spiel, auf einen Abgrund hinzurasen, nur um dann rechtzeitig aus dem Fahrzeug zu springen – kann auch fehlschlagen. Es gibt keine Garantie, dass das Europa der Union erfolgreich bleiben wird. Es gibt keine Garantie gegen das Scheitern der Union; dagegen, dass ihre Finalität nicht doch „Finis Europae" heißen könnte.

Europa – die Union – kann scheitern. Aber die EU wird nicht an den USA oder an der Volksrepublik China, nicht am globalisierten Kapitalismus oder an einer „Weltmacht Islam" scheitern. Wenn Europa scheitert, dann nur an sich selbst.

Das Buch ist ein Versuch, begründeten Optimismus zu vertreten. Die Gründe dafür bestehen nicht in einer Art von Glauben – auch nicht an die Überlegenheit Europas; denn was wäre das für eine Überlegenheit angesichts des Horrors, den Europa im 20. Jahrhundert über die Welt gebracht hat? Die Gründe für den Eurooptimismus liegen in der Einsicht in die Interessen der Menschen in Europa. Die Erfolgsbilanz der Union – Freiheit und Wohlstand in einem historisch bis dahin nicht gekannten Maße, vor allem aber Frieden durch die Eindämmung jedweder Nationalismen – spricht für sich selbst. Und die verschiedenen Versuche, Nationalismen wieder freizusetzen, sind abschreckend genug. Die Wiederkehr des Krieges in Europa – am Rande der Union, 1991 – spricht eine nur allzu deutliche Sprache.

Ross Douthart, Kolumnist der New York Times, hat die aktuellen Entwicklungen der Europäischen Union zum Anlass genommen, der Union das Bild vorzuhalten, das er – Douthart – sich von der Union gemacht hat: Der Traum einer postnationalen, postpatriotischen Europäischen Union, regiert von einer wohlwollenden politischen Elite, sei ausgeträumt. (International Herald Tribune, 26. Juli 2011, S. 7)

Dieses Missverständnis ist oft zu hören, gerade auch aus den USA. Diese Kritiker, die gewiss nichts mit den links- oder rechtsextremen Gegnern der europäischen Integration gemeinsam haben, gehen von einem Klischee aus: Sie unterstellen dem Europa der Union Perfektionswut und Realitätsflucht – letztlich nur, um sich nicht mit den Tatsachen jenseits der medial so dominanten Trias aus deutscher Kanzlerin, britischem Premier und französischem Präsidenten auseinandersetzen zu müssen. Man formuliert einen Perfektionsanspruch an die Union – und wenn diese dem nicht entspricht, wird erklärt, der Traum sei ausgeträumt. Zurück also zum Europa, das sich im Gegeneinander von Nationalstaaten erschöpft. Zurück in die erste Hälfte des 20. Jahrhunderts?

Dieses Buch ist mit dem Anspruch geschrieben, das Funktionieren der europäischen Integration und der Union verständlich zu machen. Aufbauend auf wissenschaftlich fundierte Analysen soll es für alle verständlich sein, die auch jenseits des Wissenschaftsbetriebes und des wissenschaftlichen Jargons sich mit dem Europa der Union auseinanderzusetzen bereit sind. Ob dieser Anspruch auf Verständlichkeit eingehalten werden konnte, müssen die Leserinnen und Leser beurteilen.

Ich danke Ellen Palli, die wieder in bewährter Professionalität für das Layout gesorgt hat. Ich danke dem Verlag Braumüller für die gute Zusammenarbeit.

Anton Pelinka

Budapest und Wien, August 2011

1. Ein neues, nicht das alte Europa

Das ist doch großartig, sagt die Optimistin. *Die Union hat ihre Friedensaufgabe erfüllt. Kriege zwischen ihren Mitgliedern sind undenkbar. Was für ein Unterschied zu der Zeit bis 1945. Europa ist zum Kontinent des Friedens geworden – dank der Integration. Europa hat aus seiner Vergangenheit gelernt – aus den Kriegen und den Vertreibungen, aus dem Holocaust. Europa heute ist so ganz anders als das Europa von gestern und vorgestern. Das Europa der Union kann ja geradezu als Modell für die zukünftige demokratische und friedliche Gestaltung der Welt gelten. „European Governance" als „Global Governance". Weil wir gelernt haben, können nun andere von uns lernen.*

Vorsicht, erwidert der Pessimist. *Was wäre denn diesem Europa 1945 auch anderes übriggeblieben. Fremdbestimmt von den USA und der UdSSR war es zum Frieden gezwungen. Sobald sich die Klammern des Kalten Krieges gelockert hatten, zeigte Europa ohnehin sein altes Gesicht – in Jugoslawien etwa. Lernen aus der Geschichte – sieht das so aus? Sarajewo 1914 und Sarajewo 1995 – wie sich doch die Bilder gleichen. Und sehen Sie nicht, wie sich alle gegen dieses vereinte Europa verbünden? Vatikanische Prälaten und linkssozialistische Gewerkschafter, nationalistische Schreier und das Establishment der US-Außenpolitik, Rupert Murdoch und Václav Klaus. Gegen diese Allianz muss sich die Union erst durchsetzen.*

1.1. Europa – die falschen Bilder

Das Europa der Union hat nichts mit Geschichte zu tun. Die EU ist nicht die Fortsetzung des Römischen Reiches. Karl der Große ist ebenso wenig Vorläufer der Union wie Napoleon. Die EU steht in keiner Kontinuität – im Gegenteil. Sie ist die Antithese zu dem, was die Erfahrung Europas ist. Die Union will gerade das nicht sein, was die Eckpfeiler der europäischen Geschichte ausmacht – die verschiedenen Phasen expansionistischer Aufblähung nationaler Ansprüche.

Die EU, das ist nicht ein Empire, das von einer Zentrale aus regiert wird. Die EU hat kein Zentrum – wie das Rom oder im 20. Jahrhundert phasenweise Berlin oder Moskau war; ein Zentrum, das die Peripherie bestimmt.

Das Europa der Union hat nicht zufällig keine Hauptstadt. Und wenn man – aus verständlichen Gründen – den Sitz der Europäischen Kommission, Brüssel, als eine De-facto-Hauptstadt sieht, dann ist das erst recht ein Programm: Die Hauptstadt eines mehrsprachigen Landes, einer Föderation, vor deren Expansionstendenzen sich niemand fürchten muss; vor allem aber: die Hauptstadt eines der kleineren EU-Staaten.

Die Integration Europas wurde nicht aus französischem oder deutschem Interesse vorangetrieben, auch nicht aus britischem: trotz der Propagierung des Konzeptes der „Vereinigten Staaten von Europa“ durch Winston Churchill. Die Integration hatte keinen national definierbaren „Nabel“, wie ihn Ernest Gellner bei so vielen Nationsbildungen feststellt: einen bestimmenden Zentralraum, ein bestimmendes nationales Narrativ; und eben die eindeutig wahrnehmbare Scheidung zwischen Zentrum und Peripherie.

Das alles sollte und wollte das vereinigte Europa nicht sein. Deshalb kam nie die Idee auf, Paris zur Hauptstadt des vereinigten Europa zu machen; deshalb war zwar Rom die Stadt der Verträge von 1957, aber kein Kandidat für die Rolle der Hauptstadt der

Union; und eben deshalb ist das, was einer Hauptstadt der EU am nächsten kommt, die zweisprachige Metropole eines kleinen Staates.

Die EU ist kein Reich, kein Empire – wie das von Frankreich und Großbritannien in der europäischen Neuzeit vorgelebt wurde; mit einer in Abhängigkeit gehaltenen Peripherie. Im Gegenteil: Die Peripherie – etwa die ökonomisch schlechter entwickelten Regionen der EU – profitieren von einem Umverteilungsmechanismus, den die Union ihrer ganzen Unvollkommenheit zum Trotz etabliert hat. Die Peripherie ist nach generellen Spielregeln in den Entscheidungsprozess eingebunden – alle Mitglieder der EU sind es.

Die Union ist aus der negativen Erfahrung mit verschiedenen Zentren entstanden – wie es im 20. Jahrhundert sowohl Berlin als auch Moskau waren. Der EU fehlt ein Zentrum, und das eben macht das Besondere der EU aus: Das Plenum des Europäischen Parlaments tagt abwechselnd in Straßburg und Brüssel – und die Ausschüsse des Parlaments zusätzlich auch noch oft in Luxemburg. Dort ist auch der Sitz des Europäischen Gerichtshofes. Die Europäische Zentralbank wieder ist in Frankfurt. Der Rat der EU tagt meistens in Brüssel, gelegentlich auch in Luxemburg – oder aber in dem Staat, der nach den oft mühsamen Regeln der Rotation gerade für sechs Monate den Vorsitz innehat.

Das ist verwirrend, das ist auch teuer. Aber das ist auch ein Programm. Was immer da an Bildern und geschichtsmächtigen Erzählungen durch die Erinnerungen geistert – vom Imperium Romanum oder von Karl dem Großen, vom Heiligen Römischen Reich Deutscher Nation oder von der (angeblich) zivilisatorischen Funktion des napoleonischen Reiches: genau dem darf und will und soll das neue Europa der Union nicht entsprechen.

Nein, mit den Imperialismustheorien kommt man nicht weit, will man dieses Europa verstehen. Zugegeben: Britische Boulevardmedien versuchen, die EU als deutsche Verschwörung hinzustellen, als „Viertes Reich“, das „die Deutschen“ manipulieren und nutzen, um die Niederlage von 1945 vergessen zu machen. Das ist natürlich blühender Unsinn. Unsinn ist auch, die Entscheidungsprozesse der Union auf ein deutsch-französisches Duopol reduzieren zu wollen. Dass dem nicht so ist, dafür sorgen schon die anderen Staaten – und dafür sorgen auch Kommission und Parlament, die immer wieder deutlich machen, dass die EU mehr ist als ein Konzert souveräner Staaten; wie 2004 und 2009, als das Europäische Parlament der zwischen den Regierungen bereits ausgehandelten Liste der Mitglieder der Kommission die Zustimmung verweigerte und so Änderungen erzwang.

Nein, die EU hat nichts mit einer „Wiedervereinigung" Europas zu tun, wie das manche Kommentatoren in Mittel- und Osteuropa mit Blickrichtung auf die Erweiterungen von 2004 und 2007 deuten wollten. Welches Europa hätte denn da „wiedervereinigt" werden sollen? Das Europa des Miklós Horthy oder des Józef Piłsudski, des Ion Antonescu oder des Jozef Tiso, der halbfaschistischen Königs- und sonstiger Diktaturen, die dessen Raum zwischen 1918 und 1945 bestimmten – während Adolf Hitler schon nach ganz Europa griff und schließlich Josef Stalin die Herrschaft über die Hälfte des Kontinents antrat?

Der Blick zurück, in das Europa vor dem Beginn der europäischen Integration, schreckt ab. Was immer sich da abspielte – zaristische Pogrome und antijüdische Gesetze, ethnische Säuberungen und der Spanische Bürgerkrieg, Überfälle auf Nachbarstaaten und Führerkult: Alles das bildete die Summe der Negativerfahrungen, aus denen die europäische Integration kam; von denen sich ein neues Europa prinzipiell unterscheiden sollte.

Gewiss, verglichen mit den Erfahrungen nach 1918 mögen viele die Geschichte der drei Reiche, die diesen Raum bis dahin bestimmt hatten – Österreich-Ungarn, Russland, das Osmanische Reich – mit milden Augen sehen. Vor allem die Habsburg-Monarchie – seit 1867, als die ungarische Reichshälfte ihre neu gewonnene Autonomie zu einer Magyarisierungspolitik nutzte, freilich nur die österreichische Hälfte – verstand sich als übernationales

Gebilde. Dass dies in den Augen vieler Nationen („Nationalitäten" hieß das damals) freilich nur unzureichend die Hegemonie einer deutschen (deutschsprechenden) Elite konterkarierte, ist allerdings auch anzumerken.

Insgesamt können die Erfahrungen Habsburg-Österreichs sehr wohl als ein letztlich gescheitertes Experiment in transnationalem Regieren gesehen werden. Nicht nur war der Ungar Gyula Andrássy Außenminister Österreich-Ungarns – polnischen Politikern kamen prominente Rollen in der österreichischen Regierung zu, und im österreichischen Reichsrat saßen Tomás Garrigue Masaryk und Alcide De Gasperi, die später anderswo – Masaryk in Prag, De Gasperi in Rom – entscheidend die europäische Politik bestimmen sollten. Der spätere Marschall von Polen – Józef Piłsudski – war Offizier der k.u.k. Armee. Vermutlich traf er gelegentlich den Admiral der k.u.k. Flotte, Miklás Horthy. Dass in diesem Labor europäischer Integration Josef Stalin die Nationalitätenfrage studierte, Leo Trotzky in Wiener Kaffeehäusern diskutierte, Wladimir Iljitsch Lenin vom Ausbruch des Weltkrieges 1914 im österreichischen Krakau überrascht wurde und Josip Broz, der später unter dem Namen Tito Weltruhm erlangen sollte, in einer Fabrik in der Nähe von Wien arbeitete – das alles unterstreicht die gesamteuropäische Atmosphäre, die in diesem Reich herrschte. James Joyce lebte und arbeitete als Englischlehrer mehr als ein Jahrzehnt im österreichischen Triest und unterstrich so die besondere, eben die nicht nationale Atmosphäre dieser Stadt.

Die Monarchie scheiterte auf ihrem – möglichen – Weg zu einer transnationalen Föderation. Und sie scheiterte gründlich. Sie scheiterte an ihrer außenpolitischen Unfähigkeit, die Österreich-Ungarn direkt in den Ersten Weltkrieg führte. Sie scheiterte aber auch am Unvermögen, die multinationalen Ansprüche gegen den Widerstand der (vor allem deutschen und tschechischen) Nationalismen und gegen die Blockade Ungarns durchzusetzen. Die Monarchie – und hier wiederum die österreichische, nicht die ungarische Hälfte – war ein Versprechen, dem der Europäischen

Union nicht so unähnlich: eine Föderation, in der verschiedene Völker und Nationen und Kulturen gleichberechtigt neben- und miteinander lebten.

Allerdings: Was auch immer in der Nationalitätenpolitik des alten Österreichs positiv zu sehen ist – positiv aus der Perspektive der Zielvorstellung eines multinationalen, alle Nationalismen überbrückenden Reiches: Habsburg-Österreich war ein Reich; es hatte einen Mittelpunkt, ein Zentrum, eine Zentrale. Wien um 1900 war – speziell aus der Sicht polnischer und ukrainischer, tschechischer und slowenischer und italienischer Bürgerinnen und Bürger – das Zentrum der Macht. Diesem gegenüber waren Krakau und Lemberg, Prag und Laibach und Triest die Peripherie.

Am Beispiel des gescheiterten Experiments Habsburg-Österreichs kann studiert werden, wie eine europäische Integration nicht stattfinden kann; woran die Umwandlung eines vordemokratischen, feudalen Reiches in eine föderale und demokratische Union scheiterte – an den Nationalismen. Diese waren sich letztlich in nichts einig – außer darin, dass dieses Österreich nicht Erfolg haben darf; dass die „Vereinigten Staaten von Groß-Österreich" nicht gegründet werden dürfen.

Das ist es, was die Europäische Union zu einem Novum macht: Die Geschichte ist lebendig – aber nicht als Vorbild, dem es nachzueifern gelte; sondern als Lehrstück, wie eine europäische Integration nicht funktionieren kann. Die EU ist die Antithese zu den europäischen Nationalismen. Entstanden aus den Erfahrungen zweier Weltkriege, die beide als europäische Kriege begonnen hatten; geprägt auch vom Zivilisationsschock des Holocaust, sollte die europäische Integration Europa nicht einfach nur einigen. Europa sollte neu erfunden werden.

Die mit den Namen Jean Monnet und Robert Schuman verbundenen ersten Schritte der Integration wurden noch während und im Schatten des Zweiten Weltkrieges vorgedacht. Die Niederlage des Nationalsozialismus sollte nicht als Triumph der einen über die anderen Nationalismen gedeutet werden. Deutschland sollte nicht gedemütigt, sondern als demokratischer Partner in eine Gemeinschaft europäischer Staaten und Völker aufgenommen werden. Deshalb war die Nachkriegspolitik der westlichen Siegermächte gegenüber dem besiegten Deutschland so anders als nach 1918: Der Wunsch nach Reparationen spielte ebenso wenig eine erkennbare Rolle wie der nach Gebietsabtretungen.

Die Montan-Union, 1951 als Vertrag über die Europäische Gemeinschaft für Kohle und Stahl (EGKS) von den Regierungen Frankreichs und Italiens, (West-)Deutschlands und der Niederlande, Belgiens und Luxemburgs unterzeichnet und 1952 in Kraft getreten, wurde zum Erfolgsmodell, das direkt zu den Römischen Verträgen und schließlich zur Europäischen Union führte.

Der Königsgedanke der EGKS war, diesen ersten Schritt in Richtung auf ein gemeinsames Europa nicht auf ethische Appelle und hehre Rhetorik zu gründen – sondern auf Interessen: Die Montan-Union begründete transnationale wirtschaftliche Interessen. Die Verflechtung nationaler Ökonomien – zunächst in der Kohle- und Stahlindustrie – begründete ein Interesse des einen am wirtschaftlichen Wohlergehen des anderen Nationalstaates. Frankreich profitierte vom deutschen Wirtschaftsaufschwung – und Deutschland vom französischen.

Nicht der Appell an das Abendland, nicht die Beschwörung einer christlichen oder jüdisch-christlichen, einer griechisch-römischen oder sonstigen Zivilisationsgeschichte stand am Beginn der Union. Am Beginn stand die Synergie von Interessen.

Das war freilich nicht die eigentliche Motivation, die hinter der Monnet-Methode genannten und am Beispiel der EGKS entwickelten Integrationsdynamik stand. Monnet und die anderen hatten politische Motive: die Schaffung einer politischen Union zur Überwindung der Nationalismen; die Schaffung eines Europa, das nicht mehr die Brutstätte immer neuer und immer schrecklicherer Vernichtungsqualitäten sein sollte – sondern eines Europa, das eine neue Friedensordnung repräsentierte.

Europa sollte aus der Spirale sich ständig aufschaukelnder militärischer Gewalt aussteigen. Die Nationalismen sollten abgerüstet werden. Damit dies möglich war – damit ein deutsches Revanchedenken wie nach 1918 nicht mehr Wirklichkeit werden konnte, sollte ein europäisches Regelwerk ein deutsches Wohlergehen sichern helfen.

Als Jean Monnet Anfang der 1940er Jahre in den USA exilfranzösische, britische und US-amerikanische Interessen zu bündeln versuchte, entwickelte er die ersten Gedanken für eine europäische Nachkriegsordnung. In den USA konnte Monnet beobachten, wie das Zusammenspiel aus einer politischen Union und einem riesigen Binnenmarkt die Kriegsanstrengungen gegen die Achsenmächte entscheidend beflügelten. Die Vision der Vereinigten Staaten von Europa hatte auch etwas mit der realen Erfahrung der Vereinigten Staaten von Amerika zu tun.

Zu diesem Zeitpunkt kam der Aufgabe, Europa möglichst vom Einfluss des Sowjetkommunismus frei zu halten, keine Priorität zu. Der Antikommunismus war bei denen, die in den 1940er Jahren das Konzept der Integration entwickelten, kein Primärmotiv. Später – als der Kalte Krieg ab 1948 zum bestimmenden Rahmen europäischer Politik werden sollte – ergänzte freilich die Abwehr des Kommunismus das ursprüngliche, das primäre Motiv der Überwindung der Nationalismen.

Diese indirekte, aber wesentliche Einbindung des sich einigenden Europas in den Ost-West-Konflikt hatte ja auch darin einen Ausdruck gefunden, als 1957 sechs Staaten in Rom die Verträge unterzeichneten, die der EGKS zwei weitere Gemeinschaften hinzufügten – die Europäische Wirtschaftsgemeinschaft (EWG) und die Europäische Atomgemeinschaft (Euratom). Die sechs Staaten – dieselben, die schon 1951 den EGKS-Vertrag unterzeichnet hatten – waren durchwegs Mitglieder der NATO und damit eingebunden in das westliche Blocksystem. Erst 1973 sollte ein erstes Nicht-NATO-Mitglied – Irland – den Gemeinschaften beitreten und die Identifikation zwischen europäischer Integration und Parteinahme für das westliche Blocksystem relativieren; und erst 2004 konnte aus einer westeuropäischen eine gesamteuropäische Integration werden.

Als 1990/91 innerhalb weniger Monate die kommunistischen Diktaturen Europas implodierten, der Warschauer Pakt sich auflöste und die Sowjetunion in 15 Nachfolgestaaten zerfiel, war die antikommunistische Motivation und damit die zweite, zusätzliche Aufgabe des Integrationsprozesses überflüssig geworden. Wäre der Antikommunismus die letztlich entscheidende Wurzel des europäischen Einigungsprozesses gewesen – die Union hätte sich der Frage nach der Sinnhaftigkeit ihrer weiteren Existenz zu stellen gehabt. Die EU hätte in die Geschichte eingehen können – „Mission accomplished", Aufgabe erfüllt. Wozu also noch eine Integrationsdynamik, die darauf hinausläuft, dass immer mehr europäische Staaten einer Union beitreten, die sich immer mehr „vertieft", die also Kompetenzen an sich zieht? Die europäische Integration wurde nicht mehr gebraucht, um das mit Demokratie und Marktwirtschaft konkurrierende Modell einer „Zweiten Welt" abzuhalten. Die EU konnte sich daher wieder voll und ganz auf ihre Primäraufgabe konzentrieren – falls diese noch zu erfüllen wäre.

Die Ereignisse, die den Zerfall des Sowjetkommunismus begleiteten, vor allem aber die postjugoslawischen Kriege, unterstrichen die Dringlichkeit der Primäraufgabe der EU. Nationalismen gerade in den nicht oder noch nicht der EU beigetretenen Staaten, die aber unbestreitbar Teil Europas sind, gefährden den europäischen Frieden – von Sarajewo bis Pristina, von slowenisch-kroatischen Grenzkonflikten bis zur Aufschaukelung eines ungarisch-slowakischen Konfliktes.

Die europäische Integration hatte den daran Beteiligten bisher eine Friedensdividende gebracht. Kriege zwischen den Mitgliedsstaaten haben nicht nur nicht stattgefunden – sie sind undenkbar geworden. Dass deutsche Armeen in Frankreich einfallen – wie dies, innerhalb von zwei Generationen, dreimal (1870, 1914, 1940) geschehen ist, das ist ebenso undenkbar wie eine militärische Eskalation an der österreichisch-italienischen Grenze.

Das bedeutet natürlich nicht, dass ewiger Friede in Form der Abwesenheit von politischer Gewalt ausgebrochen wäre. Die Toten politischer Gewalt rund um Konflikte in Nordirland oder im Baskenland sind auch Konflikte innerhalb der EU. Sie zeigen, dass die EU nicht überfordert, nicht überschätzt werden darf. Der EU selbst kam bei der Nordirland-Politik Großbritanniens und Irlands oder bei der Basken-Politik Spaniens keine direkte Rolle der Konfliktlösung und Friedensstiftung zu. Im Nordirland-Konflikt waren es die USA – und nicht die EU, die den Durchbruch zu einem umfassenden Abkommen ermöglichten.

Die EU ist nicht das Paradies auf Erden, nicht eine perfekte Endgesellschaft, von der Karl Marx unter dem Stichwort „klassenlose Gesellschaft" geträumt hat. Aber die EU hat eine ganz wichtige, Europa an den Rand der Selbstzerstörung drängende Geißel in die Museen verbannt – innereuropäische Kriege, in denen bewaffnete Streitkräfte europäischer Staaten gegeneinander zu Felde ziehen. Dass seit 1945 in dem von der europäischen Integration erfassten Raum keine Kriege stattgefunden haben – das allein ist ein, ist wohl der entscheidende Qualitätsnachweis der Union. Zwischen 1945 und 2011 ist eine ähnlich lange Zeitspanne vergangen wie zwischen 1870 und 1940.

Jede Gesellschaft, jede politische Einheit gewinnt ihre Identität durch die Wahrnehmung dessen, was sie nicht ist. Dieses „defining other" der Europäischen Union war – in einer bestimmten Periode – auch der Kommunismus. Es war aber nie eine bestimmte Religion – wie etwa der Islam. Und es waren auch nicht die USA – auch wenn dies gelegentlich angesichts eines vulgären Antiamerikanismus so gesehen wird. Das „defining other" ist das Europa von gestern; ist das Europa der Nationalismen und der Kriege, die aus den Nationalismen gekommen sind. Das Europa der EU definiert sich, indem es nicht das Europa der Vergangenheit sein will.

Das Europa der EU ist die Antwort auf ein Europa, das als Antithese noch immer dringlich vor unseren Augen steht: Das Europa der territorialen Expansionen; das Europa der nationalistischen Arroganz; das Europa des Rassismus, der – sei es den „weißen Mann", sei es das „Deutschtum", sei es die „Grande Nation", seien es Pangermanismus oder Panslawismus – das „Eigene" über das (vermeintlich) „Fremde" stellt. Das Europa der EU ist nicht das, was bis 1945 unter Europa verstanden wurde – nicht das christliche Abendland, auch nicht die „westliche Zivilisation", erst recht nicht eine von Berlin (oder von sonst wo) regierte Festung Europa.

Das Europa der EU ist ein Neuanfang, ist ein Experiment, das einer universellen Nutzung offen steht: Aufbauend auf Aufklärung und Demokratie sind die Werte der Union für alle auch außerhalb Europas nutzbar. Die EU ist keine Insel, in der eine politische Kultur des Europäismus abgeschottet überleben könnte. Die Union repräsentiert gesellschaftliche Werte, die auf dem Gründungsdokument der USA beruhen, der Unabhängigkeitserklärung vom 4. Juli 1776: Alle Menschen sind frei und gleich geboren.

Die Nationalismen jedweder Prägung widersprechen diesem Satz, der die Grundlage der universellen Menschenrechte ist: Das britische „Right Or Wrong – My Country", der italienische „Sacro Egoismo", das „Deutschland, Deutschland über alles" – sie alle sind exakt das nicht, was das Europa der Union sein will.

Die nationalen Narrative sind voll von Katastrophen, von Niederlagen. Die Schlachten von Kosovo und von Mohács, vom Weißen Berg und von Sedan – sie sind Erinnerungen, die zur Revanche aufrufen, aufgerufen haben. Das gesamteuropäische Narrativ ist gerade dabei, begonnen zu werden: Es beginnt als Widerspruch zu den nationalen Narrativen; es beginnt mit einem Versprechen; dem Versprechen, dass sich die Ungeheuerlichkeiten, die sich hinter den nationalen Katastrophen verbergen, nicht wiederholen sollen. Das europäische Narrativ ist die Absage an Vergeltung. Es stellt die Überwindung der Spirale von Niederlagen und Revanche in Aussicht. Und: Es ist – seit 1945 – schon mehr als eine Erzählung, mehr als eine Vision. Das Europa, das die Integration der Nationalstaaten zu einer Union bewirkt hat, ist schon Wirklichkeit. Diese Wirklichkeit geht in das europäische Narrativ ein – die Überwindung nationaler Kriege auf der Basis einer gesamteuropäischen Demokratie; das Aufgehen des nationalstaatlichen Konzeptes in einer transnationalen föderalen Struktur; einer Union, deren Namen – ob Vereinigte Staaten von Europa oder nicht – sekundär ist.

1.2. Europa – die richtigen Bilder

Das Europa von gestern liefert die Bilder, die garantiert nicht Vorbild für das Europa der Union sein können. Im Gegenteil: Die vergangenen Versuche, Europa zu einigen, stehen als negative Erfahrungen im Raum; als – gescheiterte – Expansionen, die mit nationalen Zentren identifiziert und damit von der Peripherie als nationale Unterdrückungsabsicht wahrgenommen werden. Das Europa von gestern liefert eine Summe von Horrorszenarien, die für das Europa von morgen bestens geeignet ist – als Abschreckung. Woran also soll sich die Europäische Union orientieren, wenn die europäische Geschichte nur Negativerfahrungen liefert?

Die EU muss nicht das Rad neu erfinden. Sie kann auf Vorbilder zurückgreifen – nicht, um sie eins zu eins zu übernehmen; sehr wohl aber, um die Grundsätze und Erfahrungen zu nutzen, die andere gemacht haben; Vorbilder, die sich wie die EU einem Prinzip verschrieben haben: „E Pluribus Unum"; aus der Vielfalt und in der Vielfalt zur Einheit. Oder, wie der Slogan des europäischen Jahres gegen Rassismus – 1997 – lautete: Wir alle sind verschieden – wir alle sind gleich.

Die EU hat Vorbilder: Föderationen, die dazu geeignet erscheinen – und auf eine entsprechende Erfahrung zurückblicken können, wie denn mit einer Fülle von nationalen und religiösen und kulturellen Gegensätzen in friedlicher und demokratischer Form umzugehen wäre. Eines dieser Beispiele liegt in Mitten Europas: die Schweiz. Die Schweiz ist die einzige europäische Erfahrung, auf die ein vereinigtes Europa zurückgreifen kann.

Die Schweiz ist kein Paradies, auch wenn das nach 1945 viele in Europa glauben wollten. Der Nimbus der Schweizer Neutralität hat durch die Aufdeckung wirtschaftlicher Verflechtungen mit dem NS-Regime gelitten. Die direkte Demokratie der Schweiz mag fortschrittlich in ihrer Form sein – sie ist aber nur zu oft rückschrittlich, wenn es auf ihre Inhalte ankommt: von der Nachhutrolle der Schweiz in Sachen Frauenstimmrecht bis zur Vorhutrolle des Landes in allen Fragen fremdenfeindlicher Abwehr. Der in der zweiten Hälfte des 20. Jahrhunderts in ganz (West-) Europa gewachsene Wohlstand hat auch die Wahrnehmung der Schweiz als einer einmaligen Wohlstandsinsel relativiert.

Die Schweiz hat Erfahrung mit inneren Widersprüchen, die zu Gewaltakten, zu Kriegen führen können. Dass der Vatikan nach wie vor seine „Garde“ aus den katholischen Kantonen der Schweiz rekrutiert, belegt nur den Ruf militärischer Tüchtigkeit, den sich die Schweiz über Jahrhunderte erworben hat. Die Schweiz ist keine Insel der Seligen.

Dennoch: Die Schweiz lebt eine Geschichte vor – und das seit Jahrhunderten, wie eine Gesellschaft sich zu einer demokratischen Föderation entwickelt, die den traditionellen Vorstellungen eines Nationalstaates widerspricht: Es gibt nicht „die“ Schweizer Sprache, sondern deren vier; und es gibt eine in der Vergangenheit zu oft explosive Gegensätzlichkeit zwischen katholischen und protestantischen Kantonen. Der letzte Schweizer Bürgerkrieg zwischen katholischen und protestantischen Bündnissen wurde 1847 geführt. Doch aus diesen inneren Konflikten entstand – beginnend mit der Verfassung von 1848 – ein Demokratiemodell, dessen wichtigstes Merkmal die Aufhebung des Gegensatzes von Mehrheit und Minderheit ist.

Die Schweizer Konsensdemokratie baut auf einer lange erprobten Einbindung aller relevanten Kräfte in die zentralen politischen Entscheidungsprozesse. Das hat zu einer Balance zwischen Protestantismus und Katholizismus geführt; das hat die „Zauberformel“ hervorgebracht, die allen größeren Parteien eine Beteiligung an der Regierung – dem Bundesrat – zusichert. Damit hat die Schweiz in Europa das wichtigste Gegenmodell zur britischen Westminster-Demokratie entwickelt, das auf dem Prinzip „The Winner Takes All“ aufbaut – alles gebührt dem Sieger, nichts dem Verlierer. In der Schweiz gibt es, genau genommen, keine Sieger und Verlierer; alle bekommen etwas. Die freien Wahlen führen zu der einen oder anderen Verschiebung, und wenn die – nur zu oft schwerfällige – Konsensdemokratie stockt, dann hilft die direkte Demokratie zu einer Entscheidung.

Die Schweiz ist das Produkt einer Integration „bottom up“: Zuerst waren die Kantone, die sich als souveräne Staaten verstanden – von den ländlich geprägten Kantonen der Urschweiz bis zu den Stadtrepubliken à la Genf. Diese Kantone sind allmählich zusammengewachsen – Ergebnis der negativen Erfahrungen äußerer Einmischung (von Habsburg bis Napoleon) und innerer Streitigkeiten.

Die Kantone sind nach wie vor die Grundlage der Schweiz. Während die Eidgenossenschaft, also der Bundesstaat, durch eine ausgeprägte Balance zwischen Sprachen und Religionen gekennzeichnet ist, dominiert in fast allen Kantonen historisch (oft auch aktuell) eine Sprache: Zürich ist deutschsprachig, Genf französischsprachig, und Lugano italienischsprachig. Die Schweiz aber ist weder das eine noch das andere noch das dritte. Die Schweiz ist mehrsprachig; ist, wenn man will, a priori multikulturell organisiert. Ohne diesen vorgegebenen Multikulturalismus gäbe es keine Schweiz.

Erleichtert wurde das Zusammenwachsen der nach wie vor hoch autonomen Kantone durch das, was in den Sozialwissenschaften „cross cutting cleavages“ heißt: Das Überschneiden der sprachlichen und religiösen Konfliktlinien. Die deutschsprachige und die französischsprachige Schweiz bestehen jeweils zu annähernd gleichen Teilen aus katholisch geprägten und aus protestantisch geprägten Kantonen. Jeder sprachliche Gegensatz wird durch den quer liegenden religiösen relativiert und dadurch gemildert – und jeder religiöse durch den sprachlichen.

Was bedeutet das Vorbild Schweiz für die EU? Zunächst ist da die Parallele des „bottom up“: Zuerst waren souveräne Nationalstaaten, und diese schlossen sich zu einer Union zusammen. Die EU wächst – wie die Schweiz es vorgelebt hat – von unten nach oben. Und dann ist es die Konsensdemokratie, die auch in der EU sich entwickelt: Natürlich gibt es Mehrheitsentscheidungen – im Europäischen Parlament, und zunehmend auch im Rat der EU, dem Organ der nationalen Regierungen. Aber die Geschichte der europäischen Integration ist auch gekennzeichnet von einer Art „Zauberformel“: Alle wichtigen Integrationsschritte – von den Anfängen der EGKS bis zum Vertrag von Lissabon – wurden von einer unausgesprochenen Koalition der gemäßigten Rechten (Christdemokraten, Konservative – wie Robert Schuman, Konrad Adenauer, Alcide De Gasperi) und der gemäßigten Linken (Sozialdemokraten – wie Paul-Henri Spaak oder Sicco Mansholt) getragen. Hinter der europäischen Integration steht ein stiller Pakt zwischen den europäischen Parteifamilien der Mitte.

Das Gefüge der EU sichert auch ein Gleichgewicht zwischen den Staaten: Im Europäischen Parlament herrscht – mit Konzessionen an die kleinen Mitgliedsstaaten – das Prinzip, dass Köpfe und nicht Staaten repräsentiert werden; deshalb arbeiten im Europäischen Parlament viel mehr deutsche Abgeordnete als etwa Abgeordnete aus Luxemburg oder Malta. Im Rat herrscht hingegen der Grundsatz, dass Staaten vertreten werden. Immer dann, wenn für eine Entscheidung Einstimmigkeit vorgesehen ist – etwa bei der Verabschiedung von Verträgen, hat ein kleiner Staat dasselbe Gewicht wie ein großer. Wenn aber Mehrstimmigkeit im Rat herrscht – und das ist, seit dem Vertrag von Lissabon, fast zum Regelfall geworden, ist das Stimmengewicht der Regierungen nach Größe gewichtet – wobei der Unterschied zwischen dem Gewicht der Kleinen und dem der Großen deutlich geringer ist als im Parlament.

Tabelle 1:
Stimmengewichte im Rat der EU bei qualifizierter Mehrheit – Sitze im Europäischen Parlament (jeweils größte und kleinste Staaten) – im Verhältnis zur Einwohnerzahl

	Stimmen bzw. Abgeordnete		Einwohner
	Rat	Parlament	
Deutschland	29	99	ca. 82 Millionen
Luxemburg	4	6	ca. 480.000
Malta	3	5	ca. 400.000

Das entspricht dem Ansatz nach dem in der Schweiz bei wichtigen Volksabstimmungen (Referenden) vorgesehenen Prinzip der doppelten Mehrheit. Diese ist eine Mehrheit der Stimmen und auch eine der Kantone – letzteres ist ein Schutz für die kleineren Kantone gegenüber den größeren, deren Wählerinnen und Wähler leichter eine Stimmenmehrheit bilden können.

Eine ähnliche Balance zwischen dem Gesichtspunkt des Zählens von Köpfen (also Wählerinnen und Wählern) und des Zählens von Staaten (unabhängig von ihrer Größe) haben auch die USA entwickelt. In dem einen Haus des Kongresses, dem Senat, ist jeder der 50 Mitgliedsstaaten mit zwei Senatorinnen oder Senatoren vertreten – unabhängig davon, dass z.B. Kalifornien mehr als das Fünfzigfache an Einwohnern hat als etwa Wyoming oder Vermont. Im anderen Haus, dem Repräsentantenhaus, ist die Zahl der Stimmberechtigten die Grundlage für die Mandatsverteilung. Kalifornien stellt also ein Vielfaches an Abgeordneten von dem, was den einwohnerschwächsten Staaten zukommt – nämlich als Minimum ein(e) Abgeordnete(r).

Tabelle 2:
Zahl der Kongressabgeordneten, Einwohnerzahl der größten und kleinsten US-Staaten

	Abgeordnete	Einwohner
Kalifornien	53	ca. 37 Millionen
Wyoming	1	ca. 530.000
Vermont	1	ca. 620.000

Die USA sind auch, wie die Schweiz, eine Föderation, die durch den Zusammenschluss schon existierender Staaten entstanden ist – also derselben Logik des „bottom up" folgend, nach der auch der europäische Einigungsprozess vor sich geht. Die Unabhängigkeitserklärung und der Sieg über die britische Kolonialmacht hatte zur Folge, dass 13 souveräne Staaten entstanden waren – die vormals britischen Kolonien an der amerikanischen Ostküste. Virginia oder Massachusetts existierten – als Staaten, bevor die Verfassung von 1787 aus der Konföderation der 13 souveränen Staaten die Union der 13 autonomen Staaten machte.

Die USA waren von Anfang an durch eine religiöse Vielfalt geprägt. Zwar dominierte das Christentum – aber welche Kirche? Episkopalisten, die sich aus der Church of England entwickelt hatten; oder Presbyterianer, die in der Tradition der Church of Scotland standen; oder Puritaner, die den radikalen Anspruch der religiösen Revolutionäre des britischen 17. Jahrhunderts repräsentierten; oder Quäker, die im Widerspruch zu den bestehenden Kirchen entstanden waren; oder Katholiken, die etwa in Pennsylvania und Maryland von Anfang an eine bedeutende Stellung hatten; oder …

Dass sich die USA in ihrer Verfassung auf die Trennung von Kirche und Staat festlegten, war nicht die Folge eines besonderen Prinzips des Laizismus – wie dies später in Frankreich in der Dritten Republik der Fall war. Die Trennung von Kirche und Staat war die logische Antwort auf ein multireligiöses Nebeneinander, das in den europäischen Staaten des 18. Jahrhunderts unbekannt war. Der Multikulturalismus, der an der Wiege der USA stand, war vor allem ein religiöser. Das „E Pluribus Unum“, im Wappen der USA festgehalten, bezieht sich direkt auf die Staaten – aber es bezieht sich indirekt auch auf die Religionen der USA.

Gegenüber der religiösen Vielfalt, die von Anfang an die Geschichte der USA begleitete, war die sprachliche Einheit ein – verglichen mit der Schweiz, mit Indien, mit der EU – auffallender Widerspruch. Das Englische war die Sprache der Väter der Unabhängigkeitserklärung und der Verfassung. Die anderen vorhandenen Sprachen waren die der „Indianer“, die vom Prozess der Staatsgründung ausgeschlossen waren; und die europäischer Einwanderer, die nicht aus dem englischsprachigen Raum kamen. Erst mit der Erweiterung der USA in Richtung Südwesten – durch die Annexion weiter Teile Mexikos, vor allem aber durch die in der zweiten Hälfte des 20. Jahrhunderts geradezu explodierende Einwanderung aus Lateinamerika entstand so etwas wie ein inoffizieller sprachlicher Multikulturalismus: in weiten Teilen der USA wurde Spanisch zu einer zweiten Alltagssprache.

Der Zusammenhang der amerikanischen Union war fragil. Die Sezession der Südstaaten, 1861, hätte den amerikanischen Bundesstaat fast zum Einsturz gebracht. Die Loyalität der Bürgerinnen und Bürger war zunächst vor allem eine, die dem Staat – und nicht der Union gehörte. Als am Vorabend des amerikanischen Bürgerkrieges Robert E. Lee das Angebot erhielt, Oberkommandierender der Streitkräfte der USA zu werden, lehnte er ab – seine primäre Loyalität gehöre Virginia und nicht den Vereinigten Staaten, in deren Armee er bis dahin Karriere gemacht hatte. Und so wurde Robert E. Lee Oberkommandierender der Streitkräfte der Konföderierten Staaten – im Kampf gegen die Streitkräfte, die ebenfalls zu führen ihm angeboten worden war.

Erst der Bürgerkrieg, erst der Sieg der Union über die Konföderierten sicherte den Prozess ab, der im 18. Jahrhundert begonnen hatte. Erst durch das Resultat eines inneren Krieges entstand die

Voraussetzung, die eine Vertiefung der Union ermöglichte – aus einer fragilen Allianz von Staaten, die sich bis dahin nicht einmal einig über die Frage der Sklaverei oder über das Recht auf den Austritt aus der Union werden konnte, zu einem sich zentralisierenden Bundesstaat. Die Union wurde allmählich stärker – von Abraham Lincoln bis Franklin D.Roosevelt und bis Lyndon Johnson, dessen Bürgerrechtsgesetzgebung den letzten Rest des die Sklaverei spiegelnden, offiziellen Rassismus aufhob.

Die Union wurde von den 1860er bis zu den 1960er Jahren Schritt für Schritt mächtiger: wirtschaftlich und steuerrechtlich, außen- und rechtspolitisch. Die Union wurde stärker – und die Staaten wurden schwächer. Die Vertiefung der US-amerikanischen Integration nach dem Bürgerkrieg war ein Nullsummenspiel: der Machtzuwachs der einen Seite (der Union) bedeutete den Machtverlust der anderen Seite, der Mitgliedstaaten der Union.

Dieselbe Integrationslogik zeichnet ja auch die schrittweise Vertiefung der Union aus: Der Binnenmarkt bedeutet, dass über die Rahmenbedingungen der Wirtschaft (die vier Freiheiten – Arbeit, Kapital, Verkehr, Dienstleistungen) nicht mehr die Mitgliedstaaten der Union souverän entscheiden können – denn diese haben diese Rechte an die Union abgetreten. Die Währungsunion führt zum Verlust nationaler Währungssouveränität. Der Schengen-Vertrag bedeutet, dass über die gemeinsame Außengrenze der Union die EU transnationale Kontrollbefugnisse hat – und dass der Kontrolle der Binnengrenzen durch die Mitgliedstaaten wesentliche Einschränkungen entgegenstehen.

Anders als in den USA, in denen der Bürgerkrieg de facto über das in der Verfassung nicht thematisierte Recht eines möglichen Austritts entschied, ist das Recht des Austritts aus der EU de facto und de jure unbestritten. Das signalisiert einen wichtigen Unterschied zwischen den beiden Gemeinschaften. Und während in den USA erst durch einen Bürgerkrieg, der dem Land mehr Opfer in absoluten Zahlen abverlangte als jeder andere Krieg seither, der Integrationsprozess sich als unumkehrbar erwiesen hat, ist dieser

Prozess im Fall der EU nicht (oder noch nicht) an einem „point of no return" angelangt: Die EU kann sehr wohl noch zerstört, die Integration rückgängig gemacht werden.

Braucht es, um die europäische Integration unumkehrbar zu machen, ein dem US-Bürgerkrieg analoges Trauma? Wohl nicht – denn ein solches Trauma hat Europa bereits hinter sich; ein solches Trauma hat den europäischen Integrationsprozess überhaupt erst in Gang gesetzt: der Zweite Weltkrieg kann durchaus als Äquivalenz des amerikanischen Bürgerkrieges gelten.

Die Schweiz ist als Vorbild für die EU aus einem Grund nur begrenzt geeignet – ihr fehlt die kontinentale Dimension. Die Schweiz ist klein – und Europa ist groß. Groß sind auch die USA. Mit dem Ende des nur zu oft gewaltsamen Wachstums in Richtung Westen, gekennzeichnet durch die Kombination aus Siedlerexpansion, Vertreibung der „Indianer" und kriegerische Eroberung, haben die USA in der zweiten Hälfte des 19. Jahrhunderts eine kontinentale Dimension erreicht, die der Europas und damit der EU entspricht.

Eine kontinentale Dimension hat auch Indien, das den Großteil des südasiatischen Subkontinents ausmacht. Indiens Einwohnerzahl (1,1 Milliarden) macht es zu einem Riesen, über die Größenordnung Nordamerikas oder Europas noch hinaus. Mehr noch als die USA ist Indien aber ein extrem kompliziertes kulturelles Puzzle. Während die Geschichte der USA von der kulturellen, wirtschaftlichen, politischen, militärischen Dominanz englischsprachiger Siedler mit europäischem Hintergrund geprägt ist und so die Multikulturalität von Anfang an durch das Begriffspaar Mehrheit – Minderheit(en) bestimmt war, ist Indien in seiner explosiven Heterogenität das Lehrstück für Multikulturalität schlechthin. Während das Beispiel USA für Europa deshalb von eingeschränkter Bedeutung ist, eben weil die amerikanische Heterogenität von einer anglophonen, ursprünglich britisch-protestantischen und dann europäisch-christlichen Hegemonie überlagert wurde (und teilweise noch immer wird), fehlt eine analoge Hegemonie in Indien.

Indien ist geprägt von „cleavages", von gesellschaftlichen Bebenlinien, die immer wieder Explosionen ausgelöst haben – zwischen Hindus und Muslimen, Hindus und Sikhs; zwischen Kasten, deren gegensätzliche Vielfalt die an sich gegebene, quantitative Mehrheit der Hindus bricht; zwischen Sprachgruppen, die in ihrem Widerstreit erfolgreich verhindern, dass eine Sprache – das in der Verfassung Indiens eigentlich in dieser Funktion vorgesehne Hindi – zur real das gesamte indische Leben beherrschenden Sprache wird. Die Mehrheit der nicht Hindi-Sprechenden bemüht das Englische, das die Muttersprache nur einer verschwindenden Minderheit – aber die Zweitsprache hunderter Millionen vor allem gebildeter Inderinnen und Inder ist, um den potentiellen Hegemonieanspruch des in Nordindien dominanten Hindi zu konterkarieren.

Es ist das Sprachenpuzzle, das Indien schon auf den ersten Blick für ein vereinigtes Europa so interessant macht. Im indischen Bundesparlament in New Delhi werden alle Reden simultan ins Englische und in Hindi übersetzt. Aktiv kann, über Hindi und Englisch hinaus, auch etwa ein Dutzend der in den einzelnen großen Staaten außerhalb des „Hindi Gürtels" offiziellen Sprachen verwendet werden – Bengali oder Tamil oder Kannada oder Telugu oder auch andere. Passiv werden diese Sprachen dann aber nur in Hindi und Englisch übersetzt.

Indien geht mit seiner Vielsprachigkeit, die der europäischen durchaus entspricht, anders um als die EU. In Indien – ausgedrückt in der Praxis des Bundesparlaments – wird eine Rangordnung der Sprachen anerkannt: Hindi und Englisch an der Spitze, die anderen in einzelnen Staaten offiziellen Sprachen in einer Art zweiten Liga. In der EU herrscht die Fiktion der Gleichheit aller Sprachen. Im Europäischen Parlament werden offiziell Englisch und Estnisch gleich behandelt, wird jede Wortmeldung in jede der über 20 offiziell anerkannten Sprachen der EU übersetzt. In der Praxis freilich – in den Korridoren des Parlaments und der Kommission – reduziert sich diese Zahl auf wenige, letztlich auf zwei: auf Englisch und Französisch.

Indiens Umgang mit seiner Multikulturalität weist das 1947 unabhängig gewordene Land als eine Schweiz zur zehnten Potenz aus. Es herrscht – vorgegeben durch Verfassung und Wahlrecht – eine Westminster-Demokratie plus eine am US- (und Schweizer) Vorbild orientierte föderale Struktur, die den einzelnen Staaten erhebliche Autonomie einräumt. In der Praxis, in der politischen Kultur Indiens wird aber der Grundgedanke der Westminster-Demokratie „The Winner Takes All" durch komplizierte Konsensregeln relativiert: Keine indische Regierung, die nicht auch Repräsentanten der größten religiösen Minderheit, der Muslime, ebenso einschließt wie Vertreter sowohl des Hindi sprechenden Nordens als auch des Südens. Keine indische Regierung, die das offiziell nicht existente Kastensystem in der Form berücksichtigt, Angehörigen „niedriger" Kasten wichtige Positionen einzuräumen.

Als 1998 die als Gegengewicht der nach 1947 so dominanten Kongresspartei (Indian National Congress – INC) erfolgreiche indische Volkspartei (BJP) als relative Mehrheitspartei an die Regierung kam, fürchteten viele um das Erbe des aus der Nehru-Tradition kommenden INC – um die Toleranz gegenüber religiösen Minderheiten, um die Berücksichtigung der Sprachgruppen außerhalb des Hindi-Gürtels, um die Stellung der „niedrigen" Kasten. Denn die BJP galt aus guten Gründen als Repräsentantin eines Hindu- und Hindi-Nationalismus, der der von einer durch den INC in ihrer Rolle behinderten „natürlichen" Mehrheit zu ihrem Recht verhelfen würde – zum Schaden aller, die dieser Mehrheit nicht zuzurechnen wären.

Doch es kam anders, weil auch die BJP die Spielregeln der indischen Demokratie respektierte. Zwar spielte die Regierung auch die nationalistische Karte – etwa durch die Förderung eines Hindu-Narrativs, das mit dem offiziell säkularen Indien der Verfassung in einem Spannungsverhältnis stand. Zwar ließ die Regierung gewaltsame Ausschreitungen zwischen Hindus und Muslimen zu – wie etwa in Gujarat, 2002. Doch die BJP brauchte, um zu regieren, Absprachen mit kleinen Parteien – mit solchen, die sich vor allem der Rechte unterprivilegierter Kasten annahmen; oder mit solchen, die vor allem die Interessen der nicht Hindi sprechenden Staaten vertraten.

Die im parlamentarischen System Indiens im Wesentlichen bloß symbolische Rolle des Staatspräsidenten wurde – unter der BJP geführten Regierung – einem Muslim anvertraut: ein deutliches Signal gegenüber Pakistan, dass auch unter dieser Regierung Indien nicht zu „Hindustan", zu einem Staat der Hindus, nicht zur Kehrseite des auf religiöser Eindeutigkeit aufbauenden Pakistan wird. Und als 2004 die Kongress-Partei wieder an die Regierung kam – ebenfalls gebremst durch die Notwendigkeit, mit Kleinparteien zur Sicherung der parlamentarischen Mehrheit Kompromisse zu schließen: Da wurde ein Sikh Regierungschef – in Absprache mit der Führerin des INC, Sonja Gandhi, einer katholisch erzogenen Italienerin.

So multikulturell ist die Politik Indiens – weil der Respekt vor der Demokratie, speziell vor den Spielregeln des parlamentarischen Systems, ganz einfach keine „natürliche" Mehrheit zulässt. Die Demokratie zwingt Indien zu ständigen Konzessionen an Minderheiten – mit der Folge, dass Indien als Gesellschaft und als politisches System letztlich nur noch Minderheiten kennt.

Was kann Europa aus den Erfahrungen dieser drei demokratischen Föderationen lernen? Die Schweiz lebt vor, dass durch die Relativierung des Mehrheitsprinzips ein friedlicher Ausgleich divergierender Identitäten in demokratischer Form möglich ist. Die Schweiz zeigt der EU, dass Demokratie auch und wesentlich und entscheidend „power sharing" ist – also die Beteiligung aller wichtiger Interessen an der politischen Macht. Die USA erlaubten einen Einblick in eine historische Entwicklungsdynamik – wie aus einer losen Konföderation und nach einem extremen Trauma eine sich ständig verdichtende Union mit einer amerikanischen Identität entsteht. Indien wiederum demonstriert, dass es die Demokratie ist, die einen Zusammenhalt herstellt; dass die Union deshalb ein Gleichgewicht zwischen Heterogenität und Homogenität herzustellen vermag, weil sie auf demokratischer Grundlage errichtet ist.

Alle diese Bilder beweisen nicht, dass der Weg der EU zu einem erfolgreichen Abschluss führen muss; dass die „Finalität“ der Union, die eines europäischen Bundesstaates, die der „Vereinigten Staaten von Europa“ sein werden. Diese Bilder zeigen aber, dass ein solches Resultat des europäischen Integrationsprozesses möglich ist.

2. Die Grenzen Europas

Da können wir uns ja noch auf einiges gefasst machen, merkt der Pessimist an. *Georgien versteht sich als Teil Europas und damit als potentielles Mitglied der Union. Frankreichs Nordafrika-Interessen – Stichwort „Mittelmeer-Strategie" – werden uns noch einiges aufzulösen geben. Immerhin hat ja Marokko schon vor Jahrzehnten einen Antrag auf EU-Mitgliedschaft gestellt. Und wenn irgendwelche italienischen oder sonstigen Politiker aus Gründen innenpolitischen Kalküls plötzlich Israel als EU-Mitglied ins Spiel bringen, natürlich ohne die geringste Absprache mit Israel selbst, dann zeigen sich die problematischen Folgen eines Versäumnisses: Niemand hat bisher authentisch definiert, wo Europa endet. Und daher ist die Zugehörigkeit zu Europa abhängig von irgendwelchen Zwischenrufen.*

Es war ein Zeichen der Klugheit, meint die Optimistin, *dass bei der Gründung der Europäischen Gemeinschaften, 1957 in Rom, zwar eine allgemeine Einladung an die Staaten Europas ausgesprochen wurde, dass aber nicht genau gesagt wurde, wer denn damit gemeint ist. Was hätte das an rhetorischen Konflikten ausgelöst, hätte etwa das Thema der baltischen Republiken schon vor 1991 die EG beschäftigt. Und bis heute war es ja auch im Wesentlichen nicht bestritten, wer zu Europa gehört. Es ist erst die Frage der Mitgliedschaft der Türkei, die uns zwingt, allmählich deutlich zu machen, welcher Staat auf Grund welcher Kriterien als Mitglied der Union in Frage kommt. Jetzt erst – aber eben jetzt unbedingt – muss sich die EU klar darüber werden, wer grundsätzlich zu einem Europa der Union gehört oder gehören kann.*

2.1. Wer definiert Europa?

Als 1934 Richard Coudenhove-Kalergi sein Buch „Europa erwacht“ veröffentlichte, war dies ein Zeichen für erstaunliche Weitsicht – und gleichzeitig für eine bemerkenswerte Realitätsverweigerung. Denn der Gründer der Paneuropa-Bewegung versuchte, durch historische Rückgriffe positive Belege zu finden, dass Europa nur wach geküsst werden müsse, um sein vorhandenes Potential zu nützen. Coudenhove-Kalergi bemühte Karl den Großen und andere Reichsgründer der europäischen Geschichte, um seinen Plan der „Vereinigten Staaten von Europa“ in eine historische Kontinuität zu stellen.

Dass ein vereinigtes Europa nicht als Reich vorstellbar ist – erst recht nicht durch wohlwollende Erwähnungen von Beispielen wie dem des mit Gewalt missionierenden „Sachsenschlächters“ Karl, zeigte sich bereits, als Coudenhove-Kalergi sein Buch herausbrachte. Hitlers Deutsches (bald: Großdeutsches) Reich mit seinem „Drang in den Osten“ basierte auf einer Reichsidee: Von Berlin aus, das nach den phantastischen Plänen Hitlers und Albert Speers zu „Germania“ werden sollte, würde eine deutsche „Rassenelite“ die Völker Europas regieren – die im Westen und Norden als sekundäre Zulieferer von Material und die Menschen; die im Osten als eine durch eine Politik der systematischen Ausmerzung der Eliten reduzierte Sklavengesellschaft.

Dass nach den militärischen Rückschlägen von Stalingrad und Kursk die NS-Propaganda zunehmend den Europa-Gedanken bemühte, um das Großdeutsche Reich als Vorkämpferin gegen die weltverschwörerische Allianz des jüdischen Bolschewismus mit der jüdischen Wall Street zu stilisieren, zeigt nur, wie beliebig mit einem europäischen Reichsgedanken umgegangen werden konnte.

Jean Monnet, Robert Schuman und die anderen, die das Europa der Gemeinschaften konzipierten, folgten – in völligem Widerspruch zu allen Reichsideen – einer „bottom up“ Strategie. Das vereinigte Europa sollte nicht von oben diktiert werden, sondern von unten heranwachsen. Die Union sollte eine Föderation von Demokratien sein, die ihr Europa als Demokratie verstanden.

Was Demokratie war, das war nach 1945 auch weitgehend unbestritten – jedenfalls innerhalb der Gründerstaaten der Gemeinschaften. Demokratie, das war die liberale Demokratie, wie sie sich aus den bürgerlichen Revolutionen Englands, Nordamerikas und Frankreichs entwickelt hatte; eine Demokratie des politischen Pluralismus und der individuellen Grundfreiheiten. Unbestritten war vor allem auch, was Demokratie nicht war: eine als „Volksdemokratie" etikettierte Herrschaft einer Monopolpartei. Und Demokratie war erst recht nicht die von Carl Schmitt phantasierte „Einheit von Volk und Führer", die dem Totalitarismus des nationalsozialistischen Deutschland einen pseudodemokratischen Anspruch geben wollte.

Was Demokratie war, das war also klar. Die 1993 vom Europäischen Rat in Kopenhagen verabschiedeten Kriterien – gedacht, um die Eintrittsbarrieren für die vormals kommunistischen Staaten Mittel- und Osteuropas zu bestimmen – unterstreicht dies: Mehrparteiensystem und Rechtsstaat. Dass in Kopenhagen noch die Marktwirtschaft als weitere Zugangsbedingung hinzukam, hat nicht unbedingt mit Demokratie, sehr wohl aber mit der Realität eines sich gerade von einer Wirtschaftsgemeinschaft zu einem Binnenmarkt wandelnden Union zu tun. Die EU verträgt nur Mitglieder, die sich in diesem Binnenmarkt zu bewegen verstehen. Dass überdies die Implosion der UdSSR 1991 der Jahrzehnte hindurch vorhandenen, real existierenden Alternative zur Marktwirtschaft die Grundlage entzogen hatte, stärkte sicherlich auch noch die Argumentation, zur Kombination von Demokratie und Marktwirtschaft gebe es keine – jedenfalls keine erkennbare – zweite Wahl.

Eingeladen konnten und können sich somit alle die Kopenhagen Kriterien erfüllenden Staaten Europas fühlen. Nur: Wer sind die Staaten Europas? Die Erweiterungen 1973, 1982, 1986 und

1995 stellten diesbezüglich kein Problem dar – obwohl der britische Beitritt weder in der Konzeption Coudenhove-Kalergis noch in Winston Churchills Gedanken der „Vereinigten Staaten von Europa" vorgesehen war. Zu sehr wurde Großbritannien mit einem außereuropäischen Empire identifiziert, und zu deutlich war für die Briten traditionell Europa etwas, zu dem sie nicht gehörten. Und zu sehr hätte unmittelbar nach 1945 eine volle Teilnahme Großbritanniens am europäischen Einigungsprozess der britischen Vision widersprochen, die nach wie vor von einer globalen Großmachtrolle des Vereinigten Königreiches ausging.

Doch der Prozess der Entkolonialisierung, der 1947 mit dem Rückzug aus Indien begann und in den 1960er Jahren großteils abgeschlossen war, brachte den imperialen Träumen ein überraschend schmerzarmes Ende. Großbritannien spielte keine imperiale Rolle mehr – und auch die Großmachtambitionen waren reduziert. Dass Großbritannien das politisch zwar an einer besonderen Distanz zum Königreich interessierte Irland 1973 gleichsam huckepack in die Europäischen Gemeinschaften mitnahm – an einer Distanz, die sich auch im irischen Neutralitätsstatus während des Zweiten Weltkrieges geäußert hatte, war die Konsequenz einer engen wirtschaftlichen Verflechtung, die auch die irische Unabhängigkeit überdauert hatte. Dass Dänemark ebenfalls 1973 beitrat – während Norwegen die bereits unterzeichnete Beitrittsoption nicht nützte, wies auf ein besonders nordisches Verhältnis zu den Europäischen Gemeinschaften: der skandinavische Wohlfahrtsstaat war in den Augen vieler ein besonders schützenswertes Gut, das im europäischen Konzert nicht ausreichend geschützt erschien.

Die Erweiterungen 1982 und 1986 signalisierten einen demokratischen Interventionismus: die sich aus den Fängen einer Militärdiktatur (Griechenland), bzw. halbfaschistischer Systeme befreienden Staaten des Mittelmeerraumes sollten durch den Beitritt zu den Europäischen Gemeinschaften in ihrer neu erworbenen demokratischen Qualität gestärkt werden; ein Interventionismus, der die Erweiterungen von 2004 und 2007 noch viel deutlicher bestimmen sollte: Die Union entwickelte ein System der Anreize, die jungen Demokratien in Europa eine Perspektive bieten und so die Demokratie in Europa insgesamt stabilisieren sollte.

Die Erweiterung von 1995 war in mehrfacher Hinsicht unproblematisch: mit Schweden, Österreich und Finnland traten relativ wohlhabende Staaten der EU bei, Staaten, deren Demokratie seit Jahrzehnten als stabil angesehen werden konnte. Die 1995 beitretenden Staaten brachten auch als „Nettozahler" – Folge ihres Wohlstandes – der EU und ihrem Budget ein Einstandsgeschenk mit, das für die folgenden Erweiterungen nicht zu erwarten war.

Dennoch war die Erweiterung von 1995 mit einem besonderen Umstand verbunden: Drei neutrale Staaten, deren Neutralität auch – anders als im Fall Irlands – durch ihre geopolitische Nähe zur UdSSR bestimmt war, wurden Mitglieder der Union. Der Beitritt war die direkte Konsequenz des Endes des Kalten Krieges. Die Neutralen sahen keinen Grund mehr, aus neutralitätspolitischen Motiven der EU fernzubleiben. Diese verlor damit aber ein Stück ihrer politischen Nähe zur NATO: die vier Nicht-NATO-Mitglieder, die 2005 durch den Beitritt Maltas und Zyperns zum Klub der sechs wurden, verkomplizierten eine stärkere Integration der Außen- und Sicherheitspolitik der Union. Der Vorstellung, die Außen- und vor allem Sicherheitspolitik der EU sei schon aus Kostengründen nur im Tandem mit der NATO vorstellbar – und damit im engen Konnex mit den Interessen der USA zu sehen, wurde und wird durch die Präsenz neutraler, bzw. bündnisfreier Staaten in der EU eine Hürde entgegengesetzt.

Es war jedoch die Erweiterung von 2004, bzw. 2007, die das Europa der Union zwang, sich der Frage nach dem Ende der Erweiterungsdynamik und damit nach den Grenzen Europas zu stellen. Die „Osterweiterung" genannte Aufnahme von zehn postkommunistischen Staaten machte aus einer noch immer westeuropäischen eine wirklich paneuropäische Gemeinschaft. Wie 1982 und 1986 war diese Erweiterung auch als Beitrag zur Sicherung einer demokratischen Transformation konzipiert, diesmal Mittel- und Osteuropa betreffend. Diese Motivation war dafür verantwortlich, dass die EU sich zu schnell zu einer Gemeinschaft der 27 wandelte. In den Augen mancher kritischer Beobachter (etwa Jacques Delors') wäre es besser gewesen, noch vor dieser Erweiterung die Vertiefung der Union voranzutreiben – durch eine Stärkung der bundesstaatlichen Komponente.

Der demokratische Interventionismus, der hinter den Erweiterungen von 2004 und 2007 mindestens ebenso stark spürbar war wie 1982 und 1986, führte zu einer Vernachlässigung eines heiklen Problems: Da Griechenland der „Osterweiterung" nur zustimmen wollte, wenn auch Zypern Teil des Erweiterungspakets war, wurde Zypern EU-Mitglied. Und dieser Beitritt belastete die Union mit Langzeitproblemen: Zypern wurde aufgenommen, bevor der Konflikt Zyperns mit der Türkei beendet war. Damit wurde erstmals ein Staat Mitglied der EU, dessen Regierung einen erheblichen Teil des von ihr beanspruchten Territoriums nicht zu kontrollieren in der Lage ist. Überdies wurde mit Zypern ein Staat aufgenommen, dessen europäischer Charakter – vom Standpunkt der Geographie aus gesehen – nicht wirklich gegeben ist: Nicht nur liegt Nikosia östlich von Ankara, die Insel Zypern ist insgesamt Teil des kleinasiatischen Festlandsockels und damit – geographisch – Teil Asiens.

Dass die Aufnahme Zyperns ohne allzu große Debatte möglich war, liegt am Verhalten Griechenlands, das den Grundkonsens innerhalb der EU, die postkommunistischen Staaten wären so rasch wie nur möglich zu integrieren, erfolgreich nutzte, um Zypern vor Lösung des territorialen, mit einer militärischen Komponente versehenen Konfliktes als Mitglied zu etablieren. Ebensowenig fand ein öffentlicher Diskurs über den europäischen Charakter des kleinasiatischen Inselstaates Zypern statt.

Die Aufnahme Zyperns in die EU drückt eine Widersprüchlichkeit des Europabegriffes aus – oder, besser, die Gegenläufigkeit von zwei miteinander nur teilweise kompatiblen Begriffen von Europa. Als ein mehrheitlich der griechischen Sprache, Kultur und

Kirche verbundenes Land ist Zypern Teil Europas – wenn man Europa kulturell versteht. Doch dann wird es schwerfallen, Russland nicht ebenso als Teil Europas anzusehen. Dies hätte aber, unter der möglichen Annahme eines russischen Beitrittsansuchens, für die EU gewaltige politische Konsequenzen: ein EU-Mitglied Russland würde eine lange EU-Außengrenze mit der Volksrepublik China und eine kurze Außengrenze mit Nordkorea mit sich bringen.

Der Verzicht auf jedwede geographische Dimension des der EU zugrunde liegenden Europa-Begriffes führt zu uferlosen Konsequenzen: Kann man wirklich behaupten, Neuseeland oder Kanada seien nicht ebenso von europäischer Kultur geprägt wie Zypern? Und wenn es um die Erfüllung der Kopenhagen-Kriterien geht – Demokratie, Rechtsstaat, Marktwirtschaft – wäre dann nicht Japan ein „heißer Tipp" für eine Mitgliedschaft in der Union? Entkleidet man Europa seiner geographischen Bedeutung, konzentriert man sich nur auf kulturelle Gemeinsamkeiten oder die Gemeinsamkeit der in den Kopenhagen-Kriterien formulierten Werte, wird die EU zu einer halbföderalen Gemeinschaft aller stabilen Demokratien und aller Länder, die mit guten Gründen sich als Erbe europäischer Kultur bezeichnen können – von Chile bis Australien.

Die Grenzen Europas brauchen eine geographische Qualität, sonst zerfließt der Europabegriff und wird letztlich beliebig. Nach dem herrschenden Verständnis sind die geographischen Grenzen klar gegeben: Sie sind der Ural und das Kaspische Meer, der Kaukasus und das Schwarze Meer, die Meerengen des Bosporus und der Dardanellen, das Mittelmeer und der Atlantik – und schließlich das Arktische Meer.

Ein solcher Bezug zur geographischen Bedeutung Europas lässt einige Fragen offen – was ist mit Island? Und: Die Überseegebiete Frankreichs (von Französisch Guyana über Guadeloupe und Martinique bis Reunion) sind, geographisch gesehen, außereuropäische Außenstellen Frankreichs und damit der EU. Angesichts der relativ geringen Größe dieser Grenzfälle ist ein pragmatischer Umgang mit diesen weiterhin möglich und wohl auch empfehlenswert. Dass aber die Geographie Sprengkraft besitzt, das zeigt das Beispiel Grönland: dieser autonome Teil des Königreiches Dänemark ist nicht Teil der EU. Für die traditionelle Staatslehre ein Paradoxon: Wie kann Dänemark Teil der Union sein, ein Teil Dänemarks aber nicht? Dass Grönland insgesamt dem amerikanischen Kontinent zuzurechnen ist; dass seine Entfernung vom dänischen Kernland in Verbindung mit der Vergangenheit der Insel als dänische Kolonie, dass damit auch eine kulturell-ethnische Distanz zwischen der grönländischen Mehrheitsbevölkerung und dem „Mutterland" eine Rolle spielt – alles das zeigt, dass der Teil Dänemarks, der geographisch eben nicht europäisch ist, sich mit einer inneren Logik auch nicht der EU zurechnet.

Bei der Festlegung der Grenzen Europas und damit der EU braucht es – jedenfalls auch – eine geographische Begrifflichkeit. Das zeigt ja auch die seit 2007 sehr vorsichtig gewordene Erweiterungspolitik der Union. Alles, was dem Westbalkan zuzurechnen ist – also die übrigen Nachfolgestaaten Jugoslawiens und Albanien – haben eine explizit ausgesprochene Beitrittsperspektive. Diese wird auch für Moldawien und Weißrussland implizit als gegeben angenommen werden: In allen diesen Fällen geht es um die Erfüllung der Kopenhagen-Kriterien – also um demokratische und rechtsstaatliche Stabilität plus einer marktwirtschaftlichen Orientierung. Dass diese Kriterien in vielen Fällen sehr deutlich nicht erreicht sind (in Weißrussland etwa), dass manche dieser Staaten nur geringes oder überhaupt kein Interesse an einem Beitritt signalisieren, dass im Westbalkan der Kosovo noch immer nicht über einen zumindest EU-intern geklärten Status verfügt, dass Bosnien-Herzegowinas Prozess der Staatsbildung blockiert erscheint – alles das ändert nichts am Grundsatz, dass die Staaten westlich der Russischen Föderation und westlich der Türkei ganz generell als Teil Europas angesehen werden.

Das schließt natürlich auch die Ukraine mit ein. Aber auch hier ist nicht die Frage, ob die Ukraine ein europäischer Staat ist – das ist sie ohne jeden Zweifel. Die Frage ist die nach der Orientierung der Ukraine selbst; freilich, sekundär, auch die Frage nach der Aufnahmefähigkeit der EU: Die Ukraine ist (lässt man Russland und die Türkei einmal beiseite) der mit Abstand größte Staat Europas außerhalb der EU. In Verbindung mit der ungewissen politischen und ökonomischen Stabilität und mit der Frage des besonderen Verhältnisses zu Russland – eine Frage, die auch die nach der ukrainischen Identität mit einschließt, ist die Ukraine jedenfalls der wohl prominenteste Fall, dass für die Konkretisierung des europäischen Charakters in Form einer Beitrittsperspektive vor allem von den noch verbleibenden potentiellen Kandidaten selbst noch Vorleistungen zu erbringen wären.

2.2. Türkei und Russland – die Grenzfälle

Während die Ukraine grundsätzlich, auf längere Sicht, in das Europa der Union mit eingeschlossen werden kann und letztlich nur die Ukraine selbst die an sich gegebenen Voraussetzungen für einen Beitritt herzustellen vermag, rüttelt die Frage nach einer möglichen Mitgliedschaft der Türkei und Russlands an das Selbstverständnis der Union. Welches Bild hat die Union von ihrer eigenen, geopolitischen Zukunft – angesichts der Möglichkeit einer Außengrenze mit dem Iran und mit Nordkorea? Wie kann eine ursprünglich auf das Westeuropa der 6 abgestellte Balance gesichert werden, wenn in einer möglichen Zukunft die größten Mitgliedsstaaten Russland und die Türkei sein würden?

Die Türkei macht es der EU schwer – und Russland macht es ihr (noch?) leicht: Denn die Türkei hat die Mitgliedschaft beantragt. 1999 wurde ihr der Status eines Kandidaten zugebilligt – und damit prinzipiell die Frage nach dem europäischen Charakter der Türkei positiv beantwortet. 2002 begannen die Verhandlungen, die – allem Gerede von einer möglichen „besonderen Beziehung“ zwischen der EU und der Türkei zum Trotz – letztlich auf eine Entscheidung über die Mitgliedschaft hinauslaufen. Denn nichts anderes beinhaltet der Antrag der Türkei, und alles andere wäre ein nicht wirklich verschleiertes Nein.

Am Beispiel der Türkei werden die Widersprüchlichkeiten der Entscheidungsprozesse der EU deutlich: Dieselben Akteure, die 1999 die Türkei zum Kandidaten machten und 2002 dem Beginn der sich seit Jahren kaum bewegenden Verhandlungen über eine Mitgliedschaft zustimmten, blockieren eben diese Verhandlungen. Es war der Europäische Rat – also der „Gipfel“ der EU, die Versammlung der Staats- und Regierungschefs, der die beiden Weichenstellungen vornahm; übrigens: mit der notwendigen Einstimmigkeit. Und kaum waren die Weichen gestellt, kaum hatte es den Anschein, als müsste die Türkei nunmehr „nur“ den Kriterienkatalog für eine Mitgliedschaft abarbeiten, kamen bei einigen Staats- und Regierungschefs Zweifel auf: Ist die Türkei überhaupt Europa? Kann die Union ein so großes Land, mit einer so sensiblen geopolitischen Lage, überhaupt integrieren? Fast könnte man meinen, manche der Staats- und Regierungschefs hätten erst nach 2002 auf die Landkarte geblickt und plötzlich entdeckt, dass der Großteil des Territoriums der Türkei östlich der Meerengen und damit in Asien liegt.

Die Ursache mag da und dort auch mangelnde Informiertheit gewesen sein – etwa über die problematischen Beziehungen zwischen der Türkei und Armenien und über die strategische Position der Türkei sowohl in den Auseinandersetzungen um den und im Irak als auch im israelisch-palästinensischen Konflikt. Doch der Grund dafür, dass der Europäische Rat zunächst ein prinzipielles Ja zur türkischen Mitgliedschaft ausgesprochen hat, nur um dann den europäischen Charakter der Türkei in Frage zu stellen, ist innenpolitischer Natur.

In manchen Staaten – allen voran Deutschland und Österreich – hat die Innenpolitik das Thema Türkei entdeckt. Und so kommt es, dass Wolfgang Schüssel als österreichischer Bundeskanzler zwar die Variante eines (österreichischen) Referendums über den Beitritt der Tschechischen Republik weit von sich wies, selbst aber zum Betreiber der Formel wurde, über einen möglichen Beitrittsvertrag mit der Türkei müsste nicht nur diese, sondern auch Österreich in einem Referendum entscheiden. Getrieben von mehr oder weniger rationalen Ängsten vor dem Islam, artikuliert von der Boulevardpresse, wurde in manchen EU-Staaten die mögliche Mitgliedschaft der Türkei zum Hebel für die Anti-EU-Propaganda rechtspopulistischer Parteien. Und so kann – Jahre nach dem offiziellen Beginn der Beitrittsverhandlungen – im Wesentlichen nur vom Stillstand des Prozesses berichtet werden. Dass an diesem Stillstand auch die Haltung der Türkei in der Zypern-Frage eine erhebliche Rolle spielt, ist auch die Folge des Versäumnisses der EU, Zypern erst nach Lösung des türkisch-zypriotischen Konflikts als Mitglied aufzunehmen.

Die Türkei hat in ihren Bemühungen um eine Mitgliedschaft in der EU wesentliche Befürworter – innerhalb und außerhalb der Union. Von außen war und ist das Interesse der USA manifest, die Türkei als wichtigen NATO-Partner durch eine EU-Mitgliedschaft noch stärker mit den westlichen (sprich: US-amerikanischen) Interessen zu verflechten. Die Rolle der Türkei als zumindest potentieller Stabilisierungsfaktor in den regionalen Konflikten macht sie weltpolitisch äußerst interessant – und die Vorstellung, die Türkei könnte, enttäuscht von der EU, sich stärker etwa einer iranischen Option zuwenden, sorgt nicht nur in Washington für Beunruhigung.

Innerhalb der EU ist es vor allem Großbritannien, das sich – unter Labour-Regierungen wie unter konservativer Führung – für eine türkische Mitgliedschaft starkmacht. Dahinter steckt einmal die britische Tendenz, Außenpolitik noch immer aus dem Blickwinkel einer großen Macht zu betrachten. Vor allem aber ist das britische Motiv überdeutlich, durch einen Beitritt der Türkei die Heterogenität der Union zu fördern und so weiteren Schritten in

Richtung Bundesstaat Europa einen Riegel vorzuschieben. Die Annahme ist, dass eine für die nächsten Jahrzehnte trotz türkischen Wirtschaftswachstums nach wie vor arme (und große) Türkei das EU-Budget derart belasten würde, dass an eine weitere Übertragung von Kompetenzen von den Staaten an die Union kaum noch zu denken wäre.

Das alles hat man auch schon 1999 gewusst: dass die Türkei, trotz ihrer laizistischen Verfassung in der Tradition Kemal Pascha Atatürks, ein vom Islam geprägtes Land ist; dass die geographische Lage der Türkei sie a priori zum Grenzfall macht; dass – extrapoliert man das Bevölkerungswachstum – in wenigen Jahren die Einwohnerzahl der Türkei die Deutschlands übertreffen wird und einem zukünftigen EU-Mitglied Türkei besondere Gewichtigkeit im Entscheidungsprozess der Union zukommen würde. Alles das hat man gewusst. Die Erstaunen vortäuschende Frage „Ist die Türkei überhaupt europäisch, und kann die Union die Türkei überhaupt ‚verkraften'" reflektiert nicht intellektuelles und politisches Lernen, sondern die Abhängigkeit der EU von nationalen Vorurteilen und vom Auf und Ab der Innenpolitik in den Mitgliedsstaaten.

Zum Glück für die EU erspart das postsowjetische Russland eine ähnliche Herausforderung an die EU und die Glaubwürdigkeit europäischer Prozesse. Denn die Russische Föderation sieht sich als eine Macht, die zu groß, zu stark, zu mächtig ist, um sich in ein die Souveränität beschneidendes Gebilde wie die EU hineinzubegeben. Russland spielt lieber ein Spiel, das auch dem Verhalten der USA und Chinas entspricht – die Stärkung der bilateralen Beziehungen zu Deutschland, Frankreich, Großbritannien; und die tendenzielle Vernachlässigung der EU als einen gesamteuropäischen Akteur. Es macht für – zumindest kurzfristige – russische Interessen durchaus Sinn, in Fragen der Energiepolitik auf deutsche Interessen zu setzen und damit die deutsch-polnischen Beziehungen zu belasten; oder in den komplexen Beziehungen mit den transkaukasischen Nachfolgestaaten der UdSSR zu versuchen, französische Interessen als Gegengewicht zu den US-Interessen ins politische Spiel zu bringen. Warum sollte Russland darauf verzichten, durch das Ausspielen bilateraler Beziehungen weltpolitisches Gewicht zu bekommen? Warum sollte Russland sich einer ohnehin nur in Ansätzen erkennbaren Gemeinsamen Außen- und Sicherheitspolitik der Union unterordnen?

Wäre Russlands Orientierung eine andere, hätte Russland sich verhalten wie die meisten der anderen der europäischen postsowjetischen Staaten und eine Mitgliedschaft in der EU angestrebt – der Union wäre es schwergefallen, Russland von vornherein zurückzuweisen. Denn dass der Kanon der europäischen Hochkultur Fedor Dostojewski und Peter I. Tschaikowski ebenso mit einschließt wie Sergej Eisenstein und Wladimir Majakowski; dass Moskau als das „dritte Rom" ein ganz wichtiger Faktor in der europäischen Religions- und Kirchengeschichte war und wohl auch noch ist; dass das Zarenreich am und nach dem Wiener Kongress eine europäische Ordnungsmacht erster Größe war; dass – unabhängig von den von der Roten Armee und vom stalinistischen Regime zu verantwortenden Gräueltaten – die UdSSR einen entscheidenden europäischen Beitrag zur Überwindung des Nazismus geleistet hat: Das alles weist Russland als Teil Europas aus; kulturell und historisch.

Wenn Europa kulturell verstanden wird, dann gibt es keinen einzigen Grund, Russland nicht als Teil Europas und damit als potentielles Mitglied der EU zu sehen. Es bleibt freilich die geographische Frage: Ähnlich wie die Türkei erstreckt sich Russland nach Asien. Die Mehrheit des russischen Territoriums liegt nicht in Europa.

Aber wäre es nur das. Das eigentliche Problem, das die EU mit einem potentiellen EU-Mitglied namens Russland hätte, ist dessen Größe, und zwar in jeder nur denkbaren Hinsicht. Die Fläche der Russischen Föderation ist wesentlich größer als die gesamte Fläche der Union der 27. Die Einwohnerzahl Russlands – dem rückläufigen Bevölkerungstrend zum Trotz – würde Russland zu dem mit Abstand bevölkerungsreichsten EU-Staat machen. Und mit Russland käme eine nuklear hochgerüstete Militärmacht in die EU. Hat die EU schon Probleme, mit dem Status der verhältnismäßig „kleinen“ Nuklearmächten in ihren Reihen – Großbritannien und Frankreich – einen Modus Vivendi zu entwickeln, wie viel größer wäre die Herausforderung im Falle einer möglichen Mitgliedschaft der zweitgrößten Nuklearmacht der Welt?

In Henry Kissingers 1994 veröffentlichtem Buch „Diplomacy“ wird die Zukunft der Welt nach dem Kalten Krieg in einem multipolaren Gleichgewicht gesehen. Wie im Europa der „Heiligen Allianz“ würden, so Kissinger, gegen die Mitte des 21. Jahrhunderts hin mehrere globale Mächte in einem komplexen Mit- und Gegeneinander eine weltweite Balance sichern. Interessant war, dass der Sicherheitsberater und Außenminister Richard Nixons offenkundig nichts von der Machbarkeit einer globalen Hegemonie der USA hielt. Er ging von einem Gleichgewicht zwischen den USA, Europa, Russland, China, Japan und Indien aus.

Europa: Kissinger, der in den 1970er Jahren einmal die ironische Bemerkung machte, er würde ja gerne Europa kontaktieren, aber niemand könne ihm sagen, unter welcher Telefonnummer dieser Akteur zu erreichen sei; Kissinger sieht, für das 21. Jahrhundert, sehr wohl einen Akteur Europa – und er sieht nicht mehr Akteure namens Großbritannien oder Frankreich. Kissinger geht davon aus, dass in der Politik des 21. Jahrhunderts Europa – und das kann nur die EU bedeuten – zu einer das globale Gleichgewicht sichernden Macht geworden ist. Und Kissinger geht ebenso davon aus, dass zwar Frankreich und Großbritannien, und natürlich auch Deutschland, ihre politischen Potentiale in diesem Europa der Union gebündelt haben werden. Aber Kissinger sieht Russland – diese europäische Macht – nicht als Teil Europas.

Kissingers Perspektive trifft sich mit der aller entscheidenden russischen Akteure des postsowjetischen Zeitalters. Russland ist, anders als Frankreich und Großbritannien, ganz einfach zu groß, um eine Zu- und Einordnung in den unvollendeten europäischen

Bundesstaat zuzulassen. Und das ist die Ursache dafür, dass ein EU-Mitglied Russland in niemandes Strategieplanung vorkommt.

Die russische Politik erspart durch ihr Beharren auf einer gut argumentierbaren globalen russischen Großmachtrolle der EU, möglichen Vorstößen der Russischen Föderation in Richtung Mitgliedschaft in der Union eine Absage erteilen zu müssen. Eine solche Absage wäre als prinzipielles Nein sicherlich schwerer zu argumentieren als gegenüber der Türkei. Sowohl ein religiös geprägtes Verständnis von Europa als auch ein von einer europäischen Hochkultur ausgehendes Bild können Russland nicht ausschließen. Dass die Russische Föderation die Kriterien für eine EU-Mitgliedschaft zweifellos in der Ära Wladimir Putin – Dmitri Medwedew nicht erfüllt, ändert nichts daran, dass die EU gegenüber einem Beitrittswerber namens Russland zwar natürlich die Erfüllung dieser Kriterien einfordern müsste; dass aber die EU den europäischen Charakter Russlands nicht bestreiten könnte.

Ein demokratisches Russland hätte jeden Grund, sich von der in den Römischen Verträgen ausgesprochenen Einladung angesprochen zu fühlen. Zum Glück für die EU sieht sich Russland nicht als potentieller Kandidat, der sich in Brüssel anzustellen und in Paris, Berlin und London Lobbyisten zu beschäftigen hätte. Die EU hat im Falle des postsowjetischen Russlands jedenfalls das Glück, dass sie nicht mit einer Situation konfrontiert wird, in der sie nur verlieren könnte – denn nach allen denkmöglichen Merkmalen würde ein demokratisches, rechtsstaatliches und marktwirtschaftliches Russland von der EU nicht zurückgewiesen werden können.

Die Beziehungen zwischen der EU und der Russischen Föderation sind die Beziehungen zwischen Gleichen. Beide sind, jeweils in verschiedenen Feldern, globale Riesen: Die EU ist ein ökonomischer Gigant mit einem unterentwickelten Potential seiner Rolle in der Internationalen Politik, Russland ein militärischer Riese mit einer ungebrochenen Großmachtambition – aber mit der Crux einer ökonomischen Abhängigkeit von Energieexporten. Die Kooperation zwischen den beiden doch so unterschiedlichen Föderationen – die eine unterentwickelt und unvollendet, die andere mit einer starken Zentralgewalt ausgestattet – wird freilich durch die russische Neigung behindert, die bilateralen Kontakte zu den einzelnen EU-Mitgliedern viel höher zu bewerten als die mit der Union selbst. Die mangelnde Fähigkeit der Union, jenseits französischer und deutscher und britischer nationaler Interessen eine eigenständige EU-Außen- und Sicherheitspolitik zu entwickeln und nötigenfalls im Konflikt mit einzelnen Mitgliedsstaaten auch umzusetzen, ist geradezu als Einladung an Partner wie Russland zu sehen, das alte Spiel des „divide et impera" fortzusetzen.

Das Europa der Union stößt an seine Grenzen. Jede Erweiterung hat ein weiteres Stück Kongruenz zwischen Europa generell und dem Europa der Union gebracht. Die EU ist nicht mehr nur ein Teil Europas. Die EU und Europa sind nahezu deckungsgleich. Dass alle Staaten westlich der türkischen und der russischen Grenzen grundsätzlich zu Europa im Sinne der EU gehören – die meisten von ihnen sind Mitglieder, die relativ wenigen anderen haben eine Beitrittsperspektive, ist Teil der Erfolgsgeschichte des vereinigten Europa: Der Einigungsprozess, 1951 begonnen, nähert sich – was seine territoriale Dimension betrifft – einem absehbaren Ende.

Mit Ausnahme der Grenzfälle Türkei und Russland ist die Frage der territorialen Finalität der Union de facto beantwortet: Ob Norwegen nicht doch einmal der Union beitreten wird; ob Bosnien-Herzegowina den Staatsbildungsprozess soweit vorantreiben kann, dass es als EU-Mitglied in Frage kommt; ob Weißrussland, oft „Europas letzte Diktatur" genannt, sich in absehbarer Zukunft einem westlich-liberalen Demokratieverständnis öffnet und sich als zukünftiges EU-Mitglied sieht: Jede dieser Problemstellungen ist interessant, jede ist auch eine Herausforderung an die EU. Aber diese Fragen rütteln nicht an der territorialen Finalität der Union. Die letztlich offenen, die für die Finalität entscheidenden territorialen Fragen betreffen den EU-Kandidaten Türkei und den demonstrativen Nicht-Kandidaten Russland.

2.3. Ein säkulares oder ein religiös verstandenes Europa

Das Europa der Union baut auf Erfahrungen, nicht auf Mythen. Die Entführung der Europa durch den als Stier getarnten Zeus ist einer dieser Mythen, die kulturgeschichtlich zu analysieren reizvoll sein mag, die aber für die Entstehung und Entwicklung des europäischen Integrationsprozesses absolut nichts aussagen.

Erfahrungen und Mythen kommen zusammen, wenn der Begriff „Abendland" mit Europa und mit der Europäischen Union in Verbindung gebracht wird. Denn „Abendland" wird mit vielen, miteinander nicht immer kompatiblen Funktionen assoziiert. Da ist einmal das Gegensatzpaar „Abendland – Morgenland". Wenn nun Europa als Abendland gilt, dann ist die spannungsgeladene dichotomische Beziehung zu allem, was östlich Europas ist, schon vorgegeben. Und damit verbinden sich wieder viele, für Europas Ansehen höchst unerfreuliche Assoziationen: von den Kreuzzügen europäischer Ritterheere, die auf eine physische Auslöschung der Juden und Muslime im „Heiligen Land" hinausliefen; von den Beschwörungen einer „Gelben Gefahr", die Wilhelm II. konstruierte, um die kolonialistischen Interventionen der „Weißen" in Asien zu rechtfertigen; von den Kriegern der großdeutschen Wehrmacht, die – ausgestattet mit dem Wahlspruch „Gott mit uns" auf ihren Uniformen – 1939 gegen Polen und 1941 gegen Jugoslawien und Griechenland, dann gegen die UdSSR einen „Weltanschauungskrieg" genannten Vernichtungsfeldzug vom Zaun brachen: Wo immer man der Spur des Begriffes „Abendland" zu folgen versucht, stößt man rasch fast immer auf Schreckliches, fast immer auf Abstoßendes.

Das gilt auch für die Konfliktlinie zwischen Rom und Byzanz, die Samuel Huntington etwa zum Anlass genommen hat, zwischen einer (vom Katholizismus und Protestantismus geprägten) „westlichen" und einer (von der Orthodoxie bestimmten) „östlichen" Zivilisation zu unterscheiden: Die Geschichte des Abendlandes ist nicht nur eine des nur zu oft christlich firmierten gewaltsamen Expansionismus; sie ist auch eine Geschichte gewaltsamer innerchristlicher Konflikte.

Dennoch gab und gibt es Versuche, den europäischen Einigungsprozess in eine direkte Verbindung mit dem Christentum und seiner über Europa ausgeübten Hegemonie zu bringen. Sicherlich sind Papsttum und Luthertum und Calvinismus, sind aber auch Byzanz und die freikirchlichen Traditionen (beginnend mit den Albigensern und Waldensern und weiter zu den Wiedertäufern und Quäkern und anderen) prägender Bestandteil der europäischen Geschichte. Dass aber die Integration Europas als Konsequenz der Geschichte der Kirche(n) gesehen wird, ist weniger plausibel als die These, dass die Integration als Protest gegen die Erfahrungen Europas mit dem Christentum zu sehen ist.

Beide – These und Gegenthese – können da und dort Zusammenhänge plausibel machen; beide kommen aber um den entscheidenden historischen Umstand nicht herum, dass zwar die ersten Schritte in Richtung europäischer Einheit wesentlich von christdemokratischen Politikern mit einer festen persönlichen Verankerung in ihrer Kirche gesetzt wurden; dass aber die Kirche im engeren Sinne – vor allem der Vatikan – so gut wie keinen Anteil an der Entstehung der Europäischen Gemeinschaften hatte. Die Union baut auf den Erfahrungen der bürgerlichen Revolutionen und der aus diesen entstandenen modernen Demokratien. Die Kirche(n) – vor allem die römisch-katholische – war(en) an der Entwicklung moderner Demokratie nicht nur nicht beteiligt, sie hielt(en) bis tief ins 20. Jahrhundert hinein, jedenfalls bis zum Zweiten Vaticanum, eine kritische, ja weitgehend ablehnende Distanz zur liberalen Demokratie. Der Sozialdoktrin der Päpste des späten

19. und des frühen 20. Jahrhunderts kann zwar einiges zum Verhältnis Arbeit – Kapital entnommen werden, aber nichts, schon gar nichts, zu Fragen der Demokratie.

Als Monnet, Schuman und andere 1951 die EGKS zustande brachten, war Pius XII. noch immer Papst in Rom. Er war der Papst der Konkordate mit Mussolini, Hitler, Dollfuß und Franco. Ihm war politischer Pluralismus, war auch insbesondere der einer Demokratie immanente Relativismus mehr als nur fremd. Die auf einem liberal-demokratischen Grundverständnis bauende Integration zunächst Westeuropas war sicherlich nicht von diesem Papst initiiert. Das Positivste, das zu Pius XII. Haltung zu den Anfängen der europäischen Integration zu sagen wäre, ist der Verzicht des Papstes auf eine Verurteilung der sich entwickelnden Gemeinschaften. Dass die Katholische Kirche im Kalten Krieg in der Einigung (West) Europas auch einen Beitrag zur Abwehr des Sowjetkommunismus sah, erklärt eine Haltung der Kirche, die man am besten als Akzeptanz bezeichnen kann.

Man könnte den Diskurs über die Frage, ob das Europa der Union geistesgeschichtlich primär Produkt der neuzeitlichen Aufklärung oder doch der christlichen (manchmal: jüdisch-christlichen) Zivilisation zu sehen ist und in welchem Maße die griechisch-römische Antike dem Integrationsprozess Pate war; man könnte alle diese Debatten in den Bereich interessanter, aber insgesamt bestenfalls sekundärer Beiträge zum Verständnis der Union einordnen – wenn, ja wenn nicht zwei Entwicklungen eingetreten wären: der durch den Beitritt Polens gestärkte katholisch-integrative Denkansatz, der Politik und Christentum als nicht trennbar und Europa als christliches Bollwerk sehen will; und durch den seit Beginn des 21. Jahrhunderts vor allem in Verbindung mit dem islamistischen Terror, aber auch mit den Beitrittsverhandlungen mit der Türkei rasant zunehmenden Islam-Diskurs.

Dieser Diskurs wird von einer Eingangsfrage bestimmt – die nach dem vorhandenen oder eben nicht vorhandenen europäischen Potential des Islam. Das ist vom Standpunkt der kulturellen und der politischen Geschichte Europas eine eher absurde Frage: Die Iberische Halbinsel wurde Jahrhunderte hindurch vom Islam politisch und kulturell geprägt. Das zeigt nicht nur die Alhambra in Granada, sondern auch viele Kirchen im Süden Portugals und Spaniens, in denen bei genauerem Hinsehen noch immer die Elemente einer Moschee-Architektur zu erkennen sind. Es handelt sich um zu Kirchen umgewandelte Moscheen.

Die engen Zusammenhänge zwischen den europäischen Baustilen der Gotik und des Barock und der arabischen Architektur derselben Zeit lässt eine durch Perioden wie die der Kreuzzüge zwar unterbrochene, nicht aber völlig zugedeckte Koexistenz und wechselseitige kulturelle Befruchtung erkennen: Der Islam befruchtete das christliche Europa – und umgekehrt. Dass vorchristliche europäische Intellektualität – etwas in Form der aristotelischen Philosophie – erst über den Umweg über arabisches Wissen in Europa wieder Fuß fasste und die Renaissance provozierte, ist ebenfalls anzumerken.

Die Vorstellung, Europa und der Islam kämen von verschiedenen Welten und erst jetzt, am Beginn des 21. Jahrhunderts, prallten diese Welten aufeinander, ist natürlich Unsinn. Die Geschichte der muslimischen (bosniakischen) Regimenter in der österreichisch-ungarischen Armee ist Teil der Geschichte Europas – wie auch die Geschichte Salonikis, das Jahrhunderte hindurch eine Stadt des multikulturellen und multireligiösen Zusammenlebens von Muslimen, Juden und Christen war; bis dann, ab 1945, griechische Regierungen begannen, die Erinnerungen an diesen Teil europäischer Erfahrung systematisch zu verdrängen, damit nur ja nichts an dem fingiert rein griechischen Charakter der Stadt zweifeln lässt.

Der Islam braucht nicht nach Europa zu kommen. Der Islam ist in Europa, ist Teil Europas: in Form der traditionellen Mehrheitsbevölkerung in den unbestreitbar europäischen Staaten Albanien, Kosovo und Bosnien-Herzegowina; und in Form der

Millionen britischer, französischer, niederländischer und anderer europäischer Bürgerinnen und Bürger.

Die Union hat freilich jeden Anlass, irgendwelchen Vorstellungen von einem islamisch-integralen Denken eine politische Absage zu erteilen. Weder die politischen Konstrukte des radikal sunnitischen Wahabiten-Staates Saudi Arabien noch die der (schiitischen) islamischen Republik Iran haben im Europa der Union einen Platz. Die EU muss gegenüber dem europäischen Islam auf ihren europäischen Regeln beharren – wie sie dies auch gegenüber den Kirchen und überhaupt allen Glaubensgemeinschaften tun muss. Die Meinungs- und Religionsfreiheit sind ebenso zentrale Werte der Union wie die soziale und politische Gleichheit von Frauen und Männern. Die Union darf keine Sonderstellung des Islam akzeptieren – weder im Sinne von Privilegien noch von Diskriminierung.

Diese Selbstverständlichkeiten reiben sich freilich mit dem Umstand, dass sie in einem Großteil der islamisch geprägten Gesellschaften und Rechtsordnungen eben nicht selbstverständlich sind. Europäische Muslime sind teilweise eben auch davon geprägt, wie sie die Stellung der Frau in Algerien oder Pakistan erfahren haben, wo sie von einer geschlossenen islamischen Gesellschaft ausgehen konnten, in der de facto weder für Christen und Juden noch für Agnostiker und Atheisten Platz war. Der Maßstab, auf dem die EU zu beharren hat, ist aber ein europäischer – und das bedeutet auch, dass die Stellung der europäischen Muslime nicht in Verbindung mit der Stellung von Christen in Saudi-Arabien gesehen werden kann; und dass die Diskriminierung von Christen in Ägypten nicht zum Anlass genommen werden darf, eine Diskriminierung von Muslimen in Europa zu rechtfertigen. Der Euro-Islam kann nicht in Geiselhaft genommen werden, um auf die Defizite islamischer Staaten außerhalb Europas aufmerksam zu machen.

Dass manche Muslime in Europa Probleme mit den Grundwerten der Union haben, erinnert daran, wie lange christliche Kirchen die Gleichstellung von Frauen und Männern bekämpft und die religiösen wie politischen individuellen Freiheiten der bürgerlichen Revolutionen abgelehnt haben. Manche Tendenzen im Islam erinnern nur zu deutlich an Positionen der katholischen Kirche, die diese noch im 20. Jahrhundert eingenommen hat – wie sie auch an bestimmte Strukturen des orthodoxen Judentums erinnern.

Dieser Hinweis kann nicht eine Begründung dafür sein, Konflikten mit einem integralen Islam auszuweichen, der Gesellschaft und Politik nach den Vorstellungen des Koran (besser: einer bestimmten Interpretation des Koran) gestalten will. Aber es muss daran erinnert werden, dass die heute für selbstverständlich erachteten Werte der Union noch vor zwei, drei Generationen alles andere als selbstverständlich waren – in Europa nicht und schon gar nicht aus dem Blickwinkel christlicher Traditionen.

Der Islam hat zweifellos ein Verspätungsproblem. Die Bereitschaft, eine weltanschaulich und religiös neutrale politische Ordnung zu akzeptieren, ist innerhalb des Islam nicht selbstverständlich. Der Hinweis, dass dies in erheblichem Umfang vor hundert Jahren auch für die christlich geprägten Gesellschaften Europas gegolten hat, soll aber auf den Aspekt der Modernisierung und deren unterschiedliche Geschwindigkeiten aufmerksam machen. Die Probleme, die islamische Traditionen mit den Menschenrechten haben, sind jedenfalls nicht als spezifische und grundsätzliche Defizite des Islam zu sehen, sondern als Ausdruck einer bestimmten historischen Verspätung.

Die Angst vor einer Islamisierung Europas – angeheizt von rechtspopulistischen Parteien und genutzt von Autoren wie Thilo Sarrazin – ist angesichts der Erfolgsgeschichte des europäischen Modells des Säkularismus absurd. Das Europa von heute baut auf einer pragmatischen Trennung von Politik und Religion. Unabhängig von der aus historischen Gründen höchst unterschiedlichen formalen Regelung der Staat-Kirche-Beziehungen – die Bandbreite reicht von der englischen Staatskirche bis zum französischen, in der Verfassung verankerten Laizismus – haben sich die Demokratien in Europa und mit ihnen die Europäische Union darauf verständigt, dass religiöse Bekenntnisse nicht nur zu respektieren sind, dass vielmehr auch eine Politik aus religiösen Motivationen legitim ist, dass aber ein solcher Brückenschlag zwischen Religion und Politik Sache individueller Entscheidungen ist. Weder können die Religionsgemeinschaften der Politik den Weg weisen, noch darf sich diese in die Sphäre des Religiösen einmengen.

Dieser pragmatische Säkularismus hat wesentlich zur Befriedung alter, explosiver Konfliktlinien beigetragen. Weder rufen die verschiedenen Konfessionen Europas heute zu den Waffen, um gegeneinander zu Felde zu ziehen, noch gibt es irgendwo in Europa relevante Bemühungen, einen christlichen Staat zu schaffen oder gar die Union zu einer christlichen Föderation zu machen. Und die Politik – auch und gerade die der Union – hütet sich, in die Interna von Religionsgemeinschaften hineingezogen zu werden. Der Slogan „Wir alle sind verschieden – wir alle sind gleich" bezieht sich im Europa der Union nicht nur auf Geschlecht und Klasse und „Rasse", er bezieht sich auch auf die religiöse Dimension. In diesem Sinne ist die Religion im Europa von heute de facto zu dem geworden, was die Doktrin des Austromarxismus eine „Privatsache" genannt hat.

Das bedeutet nicht, dass etwa sozialethische Aussagen von Kirchen und anderen Religionsgemeinschaften ohne politische Bedeutung wären. Die Rolle des polnischen Katholizismus und Johannes Paul II. bei der Unterminierung der Legitimität der Systeme sowjetischen Typs ist ein Beispiel dafür, dass gerade in Grenzfragen der Menschenrechte Religion von großer Gewichtigkeit sein kann. Was aber im Europa der Union passé ist, das ist ein religiöser Integralismus – die Vorstellung, dass sich organisierte Religiosität zum Architekten politischer Ordnung machen lässt; dass eine Kirche oder eine andere Religionsgemeinschaft – dem Führer der iranischen Revolution gleich – eine besondere Definitionsmacht in der Politik besitzt.

Die Sorge, dass der Islam sich mit diesen Errungenschaften der europäischen Demokratie nicht anfreunden kann, ist in Einzelfällen berechtigt – aber insgesamt zumindest überzogen. Denn ein Großteil der Muslime in Europa wurde ja von diesem pragmatisch-säkularen Europa angezogen – als Migrantinnen und Migranten kamen sie in das Europa der Union, weil ihnen dieses attraktiver erschien als die Verhältnisse im Maghreb oder Bangladesch. Die meisten europäischen Muslime haben keine Probleme mit den europäischen Grundwerten – im Gegenteil, es sind diese Werte, auf die sie sich in der Abwehr faktischer Diskriminierung und politischer Ausgrenzung berufen können.

Die Europäische Union ist nicht das Resultat der Sozialenzykliken Leo XIII., Pius XI. oder Johannes Paul II. Die Europäische Union ist das Resultat der Summe an Erfahrungen mit zwei von Europa ausgehenden Weltkriegen, mit dem Holocaust und ethnischen Säuberungen. Die Demokratie der Union ist geistes- und realgeschichtlich mit den bürgerlichen Revolutionen in Europa verbunden. Und diese waren ganz gewiss nicht das Produkt päpstlicher oder sonstiger kirchlicher Politik.

Deshalb ist es ein Missverständnis, wollte man in die Präambel der De-facto-Verfassung der Union – der Verträge – besondere Bezüge zu einem religiösen Erbe aufnehmen. Die für die Union positiven religiösen Faktoren, die den Integrationsprozess von Anfang an begleitet haben, bestanden in individuellen religiösen Bindungen europäischer Politiker. Diese – Robert Schuman, Alcide de Gasperi oder Konrad Adenauer etwa – legten großen Wert darauf, nicht als verlängerter Arm ihrer Kirche dazustehen.

Die religiöse Basis der Union ist die Religionsfreiheit – einschließlich der Freiheit, areligiös zu sein. Die Geschichte der europäischen Demokratie ist auch die der allmählichen Loslösung, ist die Emanzipation der Sphäre der Politischen von der Sphäre des Religiösen. Die katholische Kirche hat bis 1965, bis zum Zweiten Vatikanischen Konzil gebraucht, um diese Loslösung zu akzeptieren. Teile des Euro-Islam mögen damit (noch) ihre Schwierigkeit haben. Aber nichts spricht dafür, die integralistischen Tendenzen des Islam für dauerhaft zählebiger zu halten als die analogen Tendenzen der katholischen Kirche. Der Islam ist ebenso dem historischen Wandel unterworfen wie die christlichen Kirchen – auch wenn dies viele seiner Repräsentanten nicht gerne hören wollen. Alles spricht dafür, dass es gerade der pragmatische Säkularismus ist, der die Union gegenüber islamistischen Tendenzen immunisiert.

Es wäre daher politisch missverständlich und historisch verfälschend, wenn die Union als Teil eines christlich-abendländischen Erbes definiert wird. Und es wäre geradezu eine Einladung an extremistische Tendenzen im Islam, die Union als „Christenklub" zu deuten und diesen zu bekämpfen. Der Islam hat – wie die anderen religiösen Denominationen auch – die Spielregeln einer säkularen Demokratie zu akzeptieren – nicht mehr und nicht weniger. Und diese Spielregeln machen auch eine Debatte über die – vermeintlichen, partiellen – christlichen Wurzeln der Union schlicht überflüssig.

3. Die Vereinigten Staaten von Europa – Traum oder Wirklichkeit?

Ach, klagt der Pessimist, *Europa wird sich auch in Zukunft selbst im Wege stehen. Die widersprüchliche Mischung aus traditionellem Nationalismus und Anfällen patriotischer Nostalgie, aus populistischem Nativismus etwa in Form des Antiislamismus und dem immer wieder mitschwingenden Antiamerikanismus erweist sich als zu stark. Überhaupt: Wenn die meisten Europäer „Vereinigte Staaten" hören, denken sie an die USA und sind spontan dagegen. Die Argumente für ein vereinigtes Europa, dessen Strukturen und Funktionen den US-amerikanischen sehr ähnlich sind, sind doch – leider – viel zu rational. So vernünftig es auch sein mag, die europäischen Energien wirksam zu bündeln – gerade auch im Interesse einer globalen Friedensrolle Europas, so sehr steht die Politik der nationalen Gefühle dem entgegen. Bauch schlägt Kopf – auch in Europa. Die Vorstellung, die Union könnte einmal zu den „Vereinigten Staaten von Europa" werden, ist viel zu kopflastig.*

Es ist doch sekundär, wirft die Optimistin ein, *wie die Union am Ende heißt. Man kann es ruhig beim Namen „Europäische Union" belassen – auch der indische Bundesstaat nennt sich ja „Union" und nicht „Vereinigte Staaten von Indien". Entscheidend ist, dass eine ausreichend große Zahl von Kompetenzen an die EU übertragen werden und die Union so in ihrer sozialen, wirtschaftlichen und – ja, auch – internationalen Rolle ermächtigt wird; dass die geteilte Souveränität – geteilt zwischen Staaten und der Union – grundsätzlich akzeptiert wird; und dass die schon längst gemachten Erfahrungen mit demokratischen Föderationen auch auf die EU Anwendung finden. In diese Richtung geht doch der Integrationsprozess. Das ist das Gute am provisorischen Zustand der EU – sie kann nicht so bleiben, wie sie ist; sie muss sich entwickeln. Auch ich würde mir wünschen, dass es schneller ginge. Aber es geht – Schritt für Schritt, im Sinne der Methode des Jean Monnet.*

3.1. Das Modell ist bekannt

Mit dem Namen Jean Monnet ist eine Integrationsstrategie verbunden, die den Kern des Neo-Funktionalismus bildet. Damit ist gemeint, dass die verschiedenen Schritte in Richtung Vertiefung und Erweiterung der Union nicht als fertige Entwürfe vorzuliegen brauchen. Das Europa der Zukunft verlangt nicht nach einer detaillierten Planung. Solche mittel- bis längerfristigen Planungen werden ohnehin zumeist von den aktuellen Entwicklungen überholt. Wer hat schon 1975, als Ost und West die „Schlussakte von Helsinki" unterzeichneten und der Teilung Europas eine besondere Legitimität gaben, erwarten können, dass eineinhalb Jahrzehnte später der Zusammenbruch der UdSSR das Ende des Kalten Krieges und damit auch eine dramatisch neue Integrationsperspektive bringen wird?

Die Integration schreitet vor – mit der Logik der nicht intendierten Konsequenzen. So hat die Währungsunion, im Vertrag von Maastricht grundsätzlich etabliert und wenige Jahre später umgesetzt, durch die so nicht vorhersehbaren Krisen (Griechenland, Irland, Portugal) Folgen, die im Vertrag von Maastricht nicht vorgesehen waren: neue Mechanismen waren einzurichten, „Rettungsschirme" aufzuspannen, Bedingungen zu stellen und zu erfüllen, an die bei der Einführung des Euro nicht gedacht worden war; weil sie nicht vorhergesehen wurden. Die Währungsunion – sollte sie nicht implodieren wie andere groß angelegte Ordnungen auch – verlangte, dass die europäischen Akteure (vom Rat der Regierungs- und Staatschefs der Eurozone über die Europäische Zentralbank EZB bis zur Europäischen Kommission) Schritte setzen, die Neuland betreten.

Die Union wurde und wird nicht zentral geplant. Ihre Strukturen und Funktionen entwickeln sich, weil immer neue Herausforderungen immer neue Antworten erfordern. Die Monnet-Methode gleicht dem „piecemeal engineering" des Karl Popper: die Realität wird nicht einem großen Entwurf angepasst – das Design der Union hat sich vielmehr immer wieder auf die sich ständig ändernde Realität einzustellen. Die Finalität der Union – die EU in ihrem fertigen Zustand – ist nirgendwo festgelegt. Es gibt keine Planungspapiere, die formulieren, wie die Union 2020 oder 2040 aussehen soll. Und dennoch schreitet die Integration voran.

Dieses Voranschreiten ist allerdings an eine Voraussetzung geknüpft: Die entscheidenden Akteure müssen die Fortschritte der Union keineswegs ausdrücklich wünschen, sie müssen diese nicht einmal unbedingt für gut befinden. Die Fortschritte müssen den Akteuren aber immer als das kleinere Übel im Vergleich mit einem – durchaus realistischen – Szenario erscheinen: mit dem Scheitern, das heißt letztlich mit der Auflösung der Union.

Die Jean Monnet-Methode erinnert an den Begriff „brinkmanship", der in der Internationalen Politik mit John Foster Dulles assoziiert wird – und dessen Bedeutung am besten im Verhalten John F.Kennedy in der nuklearen Konfrontation mit der UdSSR anlässlich der Kuba-Krise im Oktober 1962 deutlich wird: Ein bewusst an den Rand der Katastrophe gehendes, riskantes Verhalten, das einen Krieg durch die Demonstration unbedingter Entschlossenheit verhindern will. Auch der Begriff „chicken game" kann die Methode erklären: Mehrere Autos fahren auf einen Abgrund zu. Der Fahrer, der als letzter aus seinem Wagen springt, um dem Absturz zu entgehen, hat gewonnen. Es ist das Risiko, das maximale Leistungen und optimale Ergebnisse erzwingt.

Für die europäische Integration bedeutet diese funktionalistische Denkschule, dass entscheidende Entwicklungsschübe der Union vor allem oder überhaupt nur dann möglich sind, wenn die Alternative dazu der Absturz ist. Das rationale Kalkül ist, dass die europäischen Staaten und ihre Regierungen schon zu viel in die Entwicklung eines vereinten Europa investiert haben, um eine Zerstörung des bisher Erreichten zulassen zu können. Deshalb sind die nationalen Regierungen notfalls auch bereit, ihre eigenen Interessen hintanzustellen und einem Transfer von Macht zuzustimmen – weg von den Mitgliedsstaaten und hin zur Union.

Diese Interpretation des europäischen Einigungsprozesses widerspricht der Theorie des Inter-Gouvernmentalismus, die das nationale Eigeninteresse der Regierungen der Mitgliedsstaaten in den Mittelpunkt rückt. Warum, so der Kern dieser Theorie, sollten nationale Regierungen sich selbst entmachten wollen? Daher die Schlussfolgerung: Die Mitgliedsstaaten werden nie über ihren Schatten springen und einen europäischen Bundesstaat zulassen.

Diese Denkschule kann eine Frage nicht wirklich beantworten: Warum ist die Entwicklung in die Richtung eines Bundesstaates immerhin schon relativ weit gegangen; warum haben die nationalen Regierungen nicht verhindert, dass der europäische Binnenmarkt ihnen wesentliche Kompetenzen der Regelung des Arbeits- und des Kapitalmarktes entzieht; dass die Währungsunion die nationalen Notenbanken der Eurozone der Europäischen Zentralbank unterstellt; und dass der Schengen-Vertrag den einzelnen Staaten ein Stück Kontrolle über ihr Territorium entzieht? Warum hat es die Union immerhin so weit gebracht, wenn das Interesse der nationalen Regierungen an der Verteidigung ihrer eigenen Macht die letztlich allein bestimmende Richtschnur des Integrationsprozesses sein soll?

Freilich – die Theorie des Inter-Gouvernmentalismus kann zu Recht darauf verweisen, dass die Kompetenz-Kompetenz nach wie vor bei den Mitgliedsstaaten und ihren Regierungen liegt. Die Macht, die Kompetenzverteilung zwischen den Staaten und der

Union zu verteilen – wie dies in Form der Verträge geschieht und was einer verfassungsgebenden Gewalt gleichkommt, besitzen die im Europäischen Rat versammelten Staats- und Regierungschefs; und dort herrscht nach wie vor das Prinzip der Einstimmigkeit. Während im Rat der Minister durch den Vertrag von Lissabon das Einstimmigkeitsprinzip weitgehend zurückgedrängt wurde und damit die Vetomöglichkeiten der einzelnen Staaten wesentlich eingeengt sind, können neue Verträge, die eine Fortschreibung der faktischen Verfassung der Union bringen, indem sie die Kompetenzverteilung zwischen Union und Mitgliedsstaaten regeln, nur mit der Zustimmung aller Staaten beschlossen werden.

Dennoch: Die Union hat es weiter gebracht, als zu vermuten wäre, wenn alle Macht bei den einzelnen nationalen Regierungen gesehen wird. Europas Integration gleicht, folgt man der Sichtweise der Monnet-Methode, einem römischen Brunnen. Dessen Wasser fließt in Kaskaden von einer höheren Schale in die jeweils darunter liegende. Wenn die eine voll ist, wird die nächste mit Wasser gefüllt. Wenn die Integrationskraft der Wirtschaftsgemeinschaft ausgereizt ist, ist die Währungsunion das nächste Gefäß. Als Nächstes könnte als Folge der Finanzkrisen innerhalb der Währungsunion die Bildung einer Wirtschaftsregierung konsequent, ja (fast) zwingend sein. Denn eine Währungsunion verlangt nach einer zentralen Kontrolle der nationalen Budgets. Auch eine allmähliche Angleichung der Steuersysteme, also die Bildung einer Steuerunion, könnte ein nächster Schritt sein – aus der Logik heraus, dass eine Währungsunion, die Staaten mit extrem unterschiedlichen Steuersystemen einschließt, Stückwerk bleiben muss.

Für die skeptischen Kritiker der Integration ist die Krise der Eurozone ein Beleg dafür, dass die Union sich zu weit vorgewagt hat; dass sie mit der gemeinsamen Währung überfordert ist. Diese Feststellung kann aber auch als Anlass gesehen werden, die Integration nicht zurückzudrehen, sondern sie weiter voranschreiten zu lassen – zum Beispiel in Richtung eines EU-Finanzministeriums, das umfassende Kompetenzen auf Kosten der Mitgliedsstaaten der

Eurozone erhält. Die Krise kann als Anfang vom Ende der Integration gesehen werden – oder aber als eine Erfahrung, aus der heraus die Integration einen weiteren Qualitätssprung macht.

Dass die Europäischen Gemeinschaften die Schaffung einer politischen Union zum Ziel hatten, das stand schon in den Römischen Verträgen. Wie eine solche Union beschaffen sein sollte, das wurde offen gelassen. Die Konturen dieser Union sind jedoch schon deutlich:

- Eine doppelte Legislative, in der das föderale, bundesstaatliche Prinzip mit dem nationalstaatlichen zu koexistieren hat – das Nebeneinander von dem seit 1979 direkt, europaweit bestellten Parlament und Rat, dem Organ der Vertreterinnen und Vertreter der nationalen Regierungen.

- Eine Exekutive als Kollektivorgan, als Kommission, in der ebenfalls die beiden Grundsätze in einer gespannten Balance sind: Das nationalstaatliche Prinzip, ausgedrückt in der Nominierung der Mitglieder der Kommission durch nationale Regierungen, und das bundesstaatliche Prinzip, das sich in der völligen Abkopplung der einzelnen Kommissionsmitglieder von den sie nominierenden Regierungen äußert.

- Eine Judikative in Form des Europäischen Gerichtshofes, von den einzelnen Mitgliedsstaaten beschickt, aber ausschließlich europäischem und nicht nationalem Recht verpflichtet.

Das waren, das sind noch nicht die Strukturen eines fertigen Bundesstaates. Die Union ist ja auch weiterhin ein Zwischending – mehr als eine Staatengemeinschaft und weniger als eine Föderation. Aber das sind Strukturen, die das Potential einer Weiterentwicklung in Richtung Bundesstaat haben. Der Rat bietet sich geradezu an, zu einem europäischen Senat zu werden, der die Interessen der einzelnen Staaten vertritt – und zwar auch ohne Rücksicht auf ihre Größe. Das Parlament wäre dann das Repräsentantenhaus der Union, das nicht die Interessen der Staaten, sondern die der Bürgerinnen und Bürger vertritt. Die doppelte Legislative würde damit zum Zweikammern-Parlament.

Ein solcher Schritt setzt freilich voraus, dass die Regierungen der Mitgliedsstaaten bereit wären, aus einem nicht öffentlichen, nicht als Parlament agierenden Treffen von Regierungsvertretern eine Parlamentskammer werden zu lassen. Das würde vor allem die erfreuen, die im Rat keine Stimme haben – die Parteien, die in den Mitgliedsstaaten in Opposition stehen. Ein solcher Schritt würde die Vertretung der Mitgliedsstaaten – eben den Rat oder dann vielleicht Senat – repräsentativer und in diesem Sinne demokratischer machen.

Die Kommission als Quasi-Regierung der EU passt allerdings schon jetzt in das Konzept parlamentarischen Regierens. Sie muss, nach der Nominierung durch die nationalen Regierungen, vom Europäischen Parlament bestätigt werden. Und das Parlament kann die Kommission auch „stürzen“: durch ein Misstrauensvotum, dem die qualifizierte Mehrheit von zwei Drittel der Abgeordneten zustimmt. Damit sind schon jetzt die wesentlichen Bestandteile eines parlamentarischen Systems gegeben. Was freilich fehlt, das ist die Anwesenheit einer alle Zustimmungen und Ablehnungen auf sich ziehenden Schlüsselperson. Es fehlt in diesem quasi-parlamentarischen System ein Premierminister. Das könnte der Kommissionspräsident werden – wenn er sich aus seiner Abhängigkeit von den ihn nominierenden Staats- und Regierungschefs befreien könnte.

Dass dies möglich ist, hat Jacques Delors bewiesen. Als sozialistischer Finanzminister von François Mitterrand 1984 für das Amt des Kommissionspräsidenten vorgeschlagen, gelang es Delors, sich eine Art Richtlinienkompetenz de facto zu erarbeiten. Der Maastricht-Vertrag als der wohl – jedenfalls bis zum Vertrag von Lissabon – wichtigste Schritt in Richtung Bundesstaat trägt seine Handschrift. Doch es fehlt an den strukturellen Voraussetzungen, dass der Kommissionspräsident auch ohne die im Falle Delors gegebene Konstellation – vor allem das spezifische Verhältnis zwischen Mitterrand und Kohl vor dem Hintergrund der deutschen Vereinigung und der Implosion der UdSSR – zum zentralen Akteur europäischer Politik wird.

Dazu kommt ja auch, dass der Reformvertrag (Vertrag von Lissabon) eine verwirrende Vermehrung von EU-Präsidenten gebracht hat. Neben den Präsidenten der Kommission amtiert seit 2010 der „Ständige Präsident des Rates". Und dieser amtiert neben der weiterhin bestehenden rotierenden Ratspräsidentschaft: Alle sechs Monate kommt einem der Mitgliedsstaaten diese Rolle zu. Wenn es dann zu einem Gipfel zum Beispiel USA – EU kommt, dann müssen sich mehrere EU-Präsidenten ins Gipfelfoto drängen – der Staats- oder der Regierungschef des Staates der rotierenden Präsidentschaft; der ständige Ratspräsident; der Kommissionspräsident; und womöglich kommt auch noch der Präsident des EU-Parlaments hinzu. Für die interne Entscheidungsfindung ist diese eher verwirrende Vielfalt von Autorität ebenso wenig hilfreich wie für die internationale Rolle, die der Union ja auch zukommt.

Die Art und Weise, wie nach dem Inkrafttreten des Vertrages von Lissabon über die Besetzung der beiden durch diesen Vertrag geschaffenen Positionen entschieden wurde, unterstreicht die Stärken und die Schwächen der gegenwärtigen EU-Struktur: Als Ratspräsident wurde Herman Van Rompuy bestellt. Der frühere belgische Regierungschef war der Kandidat der EVP, der stärksten Fraktion im Europäischen Parlament. „Hohe Vertreterin der Union für Außen- und Sicherheitspolitik" (die informelle Kurzbezeichnung dafür ist „Außenministerin") wurde die Britin Catherine Ashton. Sie war Mitglied der britischen Labour-Regierung und wurde speziell vom britischen Premier Gordon Brown und der zweitstärksten Parlamentsfraktion unterstützt, den Sozialdemokraten.

Die für die Weiterentwicklung der Union positiven Aspekte sind, dass nach den Mühen, die mit der Ratifizierung des Vertrages von Lissabon verbunden waren – das zweifache Referendum in Irland und die Blockadedrohung durch den tschechischen Präsidenten – die Union an Handlungsfähigkeit gewonnen hatte. Und die Union entschied – wie so oft – nach dem Muster der Konsens- oder Konkordanzdemokratie, im Sinne einer Kompromissorientierung, einer Machtteilung zwischen der gemäßigten Rechten und der gemäßigten Linken.

Die Schwachstelle, die durch den Bestellungsvorgang unterstrichen wurde, ist die erkennbare Intention der Mitgliedsstaaten, vor allem der großen unter ihnen, niemanden zum Ratspräsidenten werden zu lassen, der (oder die) mit dem Ruf eines politischen Schwergewichts ausgestattet ist. Die als Möglichkeit ventilierte Kandidatur Tony Blairs war daher von vornherein aussichtslos. Der für zweieinhalb Jahre bestellte „ständige" Ratspräsident hat überdies seine Präsidentschaft für jeweils sechs Monate mit der verständlicherweise um besondere Profilierung bemühten „rotierenden" Präsidentschaft (in der ersten Hälfte 2011 Ungarn, in der zweiten Hälfte Polen) zu teilen. Das führt unvermeidlich zu Reibungen – obwohl die längere Funktionsperiode auf längere Sicht vermutlich dem „ständigen" Präsidenten eine stärkere Stellung einräumt.

Die Position der „Hohe Vertreterin", also Außenministerin der EU wurde deshalb geschaffen, um eine Klammer zwischen der Kommission und dem Rat herzustellen. Denn die Außenministerin ist einerseits automatisch Vizepräsidentin der Kommission (und ersetzt damit das Kommissionsmitglied, das bis dahin für die Außenpolitik der Union zuständig war) – andererseits führt sie den Vorsitz im Rat für „Auswärtige Angelegenheiten" und leitet die „Gemeinsame Außen- und Sicherheitspolitik" der Union. Dadurch sollte erreicht werden, dass Rat und Kommission eine gemeinsame außenpolitische Linie vertreten.

Der Vertrag von Lissabon bedeutete – durchaus im Sinne der Monnet-Methode – einen Schritt in die Richtung der Entstehung der „Vereinigten Staaten von Europa". Allerdings sind viele weitere

Schritte ausständig. Und auf dem Weg zu der – möglichen – europäischen Föderation sind auch weiterhin viele Rückschläge zu erwarten.

3.2. Wer verhindert die Umsetzung?

Die Konturen der zukünftigen Vereinigten Staaten von Europa sind bekannt – ihre Strukturen, ihre Funktionen. Und die Umsetzung dieser Konturen eines europäischen Bundesstaates in die politische Wirklichkeit ist – man könnte sagen – zur Hälfte oder zumindest zu einem Gutteil bereits verwirklicht. Was fehlt, das sind die noch ausständigen Schritte.

Was diese beinhalten müssten, ist grundsätzlich ebenfalls als bekannt vorauszusetzen. Bekannt sind freilich auch die Fallstricke, die von den offenen und versteckten Gegnern eines europäischen Bundesstaates schon vorbereitet sind: Linke Träumer, die nur ein Europa zu akzeptieren bereit sind, in dem „der Kapitalismus" abgeschafft ist; rechte Nationalisten, die im Europa der Union eine Verschwörung von Freimaurern, Juden, Amerikanern oder auch „Kulturmarxisten" sehen; Traditionalisten britischen oder polnischen oder sonstigen Zuschnitts, für die der politische Wandel, die nationale politische Geschichte schlechthin mit der Etablierung ihrer eigenen Staatlichkeit seinen Endpunkt erreicht hat; und, natürlich, die Gegner von außen: Vatikanische Kreise, die in einem säkularen europäischen Bundesstaat ihre noch vorhandenen Sonderrechte gefährdet sehen; russische Oligarchen, die sich verschiedene Vorteile verschaffen können, solange es keine gemeinsamen europäischen Standards gibt – weder bezüglich der Verleihung von Staatsbürgerschaften noch bei Verträgen über Öl- und Gaslieferungen; chinesische und US-amerikanische Diplomaten, die auf die Chance nicht verzichten wollen, nötigenfalls Deutschland gegen Polen oder Rumänien gegen Frankreich ausspielen zu können.

Vielleicht noch wichtiger sind die Beschränkungen, die sich die grundsätzlichen Anhänger der Vereinigung Europas selbst auferlegen. Dazu gehört die Kleingläubigkeit derer, die „an sich“ für eine Vereinigung Europas sind; die aber aus taktischer Rücksicht und mangelnder Perspektive oder auch nur aus Angst vor den nächsten Regionalwahlen oder in der Sorge um die nächsten Schlagzeilen in der „Bild Zeitung“, im „Sun“ oder der „Kronen Zeitung“ ihren Europäismus verbergen zu müssen glauben. Fast ist es so, als würden sich manche „prinzipiellen“ Befürworter der Union für diese Haltung schämen; oder müssten sich dafür zumindest entschuldigen.

Es ist eine höchst widersprüchliche Allianz, die einer bundesstaatlichen Finalität der Union entgegensteht. Die Interessen der Verhinderer haben kaum etwas anderes gemeinsam als das Blockieren der Union auf ihrem Weg in Richtung Vereinigte Staaten von Europa.

Doch diese Widersprüchlichkeit verleiht der unheiligen Allianz der EU-Gegner eher noch mehr Wirksamkeit. Denn so können sie unterschiedliche Klienten bedienen und unterschiedliche, ja gegensätzliche Rationalisierungen ihrer Anti-EU-Haltung entwickeln. Den einen ist die Union nicht perfekt genug – wo ist denn das Paradies des postnationalistischen Europa? Und weil dieses nicht sichtbar ist, wird das real existierende Europa der Union des Verrats an den hehren Idealen beschuldigt, die herzustellen ohnehin nie von der EU versprochen wurde. Den anderen ist die Union eine Einrichtung wider die Natur, weil sie den als normal fingierten Zustand europäischer Nationalstaaten mit ungebrochenem Souveränitätsanspruch verletzt – als ob Belgiens Souveränität das Land 1914 und 1940 davor geschützt hätte, Opfer militärischer Aggression zu werden; als ob anderswo nicht auch – „bottom up“ – existierende souveräne Staaten ihr allmähliches Aufgehen in einer supranationalen Gemeinschaft betrieben hätten. Anderen wiederum ist die Union vor allem ein hypertroph aufgeblähter Beamtenapparat – unbeschadet dessen, dass die Gesamtzahl aller von der

Union Beschäftigten unter der Zahl der von der Administration einer europäischen Stadt von etwa zwei Millionen Einwohnern liegt. Laut Amtsblatt der EU betrug im Jahr 2009 der Personalstand aller Gemeinschaftsorgane – einschließlich Parlament, Gerichtshof und Rechnungshof – 39.919 Personen.

Den Hebel zur Verhinderung der Vereinigten Staaten von Europa bilden die von der öffentlichen Meinung in ihren jeweiligen Staaten direkt abhängigen Regierungen. Und das ist nicht nur verständlich, das ist auch demokratisch legitim. Nicht verständlich ist hingegen, dass die nationalen politischen Eliten – Parteien, aber auch Medien, Verbände, Religionsgemeinschaften – allzu häufig einem offenen Diskurs über die Vorzüge und die Nachteile einer bundesstaatlichen Verdichtung der EU ausweichen. Dadurch erzeugen sie den Eindruck, als wäre die Union eine geheime Einrichtung, über die öffentlich zu diskutieren nicht ratsam ist.

Doch auch das ändert nichts daran, dass die Staats- und Regierungschefs der Mitgliedsstaaten in eine Zusammenkunft des Europäischen Rates gehen und dabei vor allem auf die Wahrnehmung kurzfristiger nationaler Interessen bedacht sind; dass sie nur gegenüber ihrer jeweiligen nationalen Öffentlichkeit sich verpflichtet fühlen müssen; dass sie daher – wie auch die nationalen Minister und Ministerinnen im Rat der EU – primär national denken.

Das darf nicht als Vorwurf gegen die nationalen Regierungen verstanden werden. Denn die gegebenen Strukturen der Union lassen zwar in mehreren Organen es zu, ja sind explizit darauf abgestellt, dass sie primär europäische Interessen vertreten. Dazu zählt vor allem die Kommission, die nicht nur die „Hüterin der Verträge" ist, sondern auch der Motor des Integrationsprozesses generell. Dazu zählt auch das Parlament, in dem sich das abzeichnet, was ein entscheidendes Merkmal eines – möglichen – bundesstaatlichen Europa wäre: Im Parlament agieren nicht Staaten, sondern gesamteuropäisch organisierte Fraktionen und damit Parteien.

Doch Kommission und Parlament können die Vertiefung der Union freilich nicht ohne und schon gar nicht gegen den Rat vorantreiben. Kommission und Parlament können die Weiterentwicklung der Union nur dann durchsetzen, wenn sie ausreichend Unterstützung in der öffentlichen Meinung in den Mitgliedsstaaten finden. Wenn regierende Parteien – sei es in Großbritannien oder in Polen – nicht fürchten müssen, dass ihre Abstempelung als pro-europäisch ihnen den Wahlsieg kosten würde; wenn in der Slowakei und in Spanien die Parteien, um des Wahlerfolges willen, sich die Rolle der Europapartei Nummer eins streitig machten; ja, wenn es in Dänemark und in Ungarn keine Negativ-, sondern eine Positivprämie für pro-europäische Politik gäbe – dann könnte, dann würde die Blockade der Nationalstaaten und damit des Rates aufgehoben werden.

Nationales Bewusstsein und nationale Interessen blockieren die Weiterentwicklung der Union. Doch Bewusstsein und Interesse sind keine statischen, sie sind dynamische Phänomene. Bewusstsein bildet sich ständig neu – als Folge verschiedener, einander widerstreitender Einflussfaktoren. Nationale Interessen wandeln sich, und vor allem können nationale Interessen neu interpretiert werden. Im Vorfeld der Gründung der EGKS waren zunächst die alten, nationalen Deutungsmuster dominant: Warum sollte Frankreich mithelfen, die deutsche Wirtschaft wieder voll in Gang zu bringen? Warum sollte Deutschland Frankreich plötzlich nicht mehr als „Erbfeind" sehen? Die Argumentationslinie von Robert Schuman und Jean Monnet war, auf die Interessenkonvergenz der europäischen Staaten zu verweisen: Wenn es den einen links vom Rhein gut geht, dann hat das auch positive Auswirkungen für das Wohlbefinden der anderen, rechts vom Rhein.

Schuman und Monnet setzten nicht primär auf die Idee eines vereinten Europa. Sie setzten auf die rational vermittelbaren Interessen an einem vereinten Europa. Sie und die anderen Gründer der ersten der Europäischen Gemeinschaften erreichten damit, dass der Inhalt des nationalen Interesses sich wandelte. Das nationale Interesse von heute muss ebenso wenig das nationale Interesse von morgen sein. Und: Interessen sind keine objektive Größe, sondern die subjektive Interpretation objektiver Gegebenheiten. Deswegen ist Interesse immer wandelbar – auch unabhängig von den objektiven Faktoren.

Die Blockierer der europäischen Zukunft können – wenn sie nicht zu den Überzeugungstätern der politischen Extreme gehören – von bloß Reagierenden zu Agierenden werden. Diejenigen in den nationalen Regierungen, die da meinen, ein vertieftes Europa wäre gut und schön, aber leider, leider den Wählerinnen und Wählern nicht zumutbar; diese Proeuropäer der Theorie, nicht aber der Praxis: Sie könnten, ohne sich unmittelbar in die Gefahr von Wahlniederlagen zu bringen, die unvermeidlich schwankende öffentliche Meinung zu beeinflussen versuchen und damit das jeweilige nationale Interesse verändern.

Doch auch diese strategische Perspektive des „Lernens von Jean Monnet" ändert nichts daran, dass der Schlüssel zu der Umsetzung des grundsätzlich als bekannt vorauszusetzenden Designs der Vereinigten Staaten von Europa letztlich bei den „Völkern Europas" liegt. Nur wenn in Schweden und in Portugal, in Slowenien und in Litauen und in allen anderen Mitgliedsstaaten der Union das eigene, das nationale Interesse so interpretiert wird, dass der eigene Staat von einer Stärkung Europas wirtschaftlich oder politisch oder kulturell profitiert, kann es die Vereinigten Staaten von Europa geben. Die „Völker Europas" sind die Schiedsrichter – und nicht das „Volk Europas": Nach den gegebenen Spielregeln der Union ist jede Fortschreibung der Grundregeln der Union davon abhängig, dass nationale Regierungen – wiederum abhängig von ihren Wählerinnen und Wählern – eine solche Fortschreibung wollen.

Es ist vorstellbar, dass die Mehrheit der Menschen in Europa die Vereinigten Staaten von Europa will. Ein einziger nationaler Akteur – ein „Volk" – kann aber den Willen des europäischen Volkes blockieren. Und das ist der Hauptgrund für eine grundlegende Vorsicht gegenüber der allzu eurooptimistischen Erwartung, dass sich die Vereinigten Staaten von Europa in einer vorhersehbaren

Zukunft verwirklichen lassen: Die Völker Europas verstehen sich nicht als europäisches Volk. Sie – die Völker Europas – sind die eigentlichen Blockierer auf dem Weg zu einem europäischen Bundesstaat. Bevor die Staaten Europas weiter zusammenwachsen, müssen die Völker Europas zusammenwachsen.

3.3. Die globale Rolle der EU

Dass „Europa" eine weltpolitische Rolle zu spielen hat, davon gehen die meisten – auch außereuropäischen – Beobachter aus. „Europa" soll die USA in deren Supermachtrolle entlasten – in Afghanistan etwa. „Europa" soll das Gegengewicht zu den USA sein – so zum Beispiel die Erwartung palästinensischer Politiker, die nach Möglichkeiten suchen, einen weniger eng mit Israel verbundenen globalen Akteur zu finden als dies die USA sind. „Europa" – der wirtschaftliche Gigant, dessen ökonomische Kapazität noch vor den USA, China und Japan rangiert – soll, wird politisch erwachen und zum politischen Giganten werden: Das erwarten viele, darauf hoffen viele.

Doch wer ist dieses Europa? Wer spricht für dieses Europa? Wer kann für dieses Europa Verbindlichkeiten eingehen? Als 2011 Europa gefordert war, eine Libyen-Politik zu artikulieren und im Sicherheitsrat der Vereinten Nationen Position zu beziehen, da wurde eine britische und eine französische und eine deutsche Position deutlich; aber keine europäische. Nichts oder zumindest nichts Entscheidendes scheint sich geändert zu haben gegenüber den 1970er Jahren, als Henry Kissinger das Bonmot prägte, er würde so gerne Europa ins weltpolitische Spiel bringen – wenn er nur wüsste, unter welcher Telefonnummer Europa erreicht werden könnte.

Der Vertrag von Maastricht sieht vor, dass die Union eine Gemeinsame Außen- und Sicherheitspolitik (GASP) entwickelt. Dafür wurde 1999 eine eigene Funktion geschaffen – die des „Hohen

Vertreters". Bis 2009 hatte Javier Solana dieses Amt inne. Dann übernahm Catherine Ashton die Funktion. Solana freilich hatte ausschließlich im Namen des EU-Rates agieren können. Ashton hingegen spricht für den Rat und die Kommission. Als Vizepräsidentin der Kommission soll sie dem Amt zusätzlich Gewicht verschaffen.

Allerdings hat sich am Grunddilemma des Amtes nichts geändert: Wie am Beispiel der Libyen-Politik 2011 abermals demonstriert wurde, sind die einzelnen Staaten – allen voran die großen – nicht bereit, sich einer gemeinsamen Politik unterzuordnen. Die GASP ist auch nach Inkrafttreten des Reformvertrages, des Vertrages von Lissabon, abhängig von einstimmigen Beschlüssen des Rates. Daran ändert auch die Übernahme der Vorsitzfunktion im Rat für „Auswärtige Angelegenheiten", also dem Rat der nationalen Außenminister, durch die Hohe Vertreterin nichts: Sie kann nur agieren, wenn die Mitgliedsstaaten sie agieren lassen.

Das führt zu einem Dauerzustand, der schon während des Zerfalls Jugoslawiens und der postjugoslawischen Kriege demonstriert wurde: 1991 gab es eine britische und französische, eine deutsche und eine italienische Balkanpolitik; aber es gab keine europäische. Die ursprüngliche Politik der USA unter George H. W. Bush war darauf gerichtet, Jugoslawien als europäisches Problem zu sehen und es nicht zu einem US-amerikanischen zu machen. Dies führte zu einem geopolitischen Vakuum, in dem der Krieg sich in Endlosspiralen immer weiter steigerte – bis nach dem genozidalen Verbrechen von Srebrenica, 1995, die USA unter Bill Clinton eingriffen. Die Folge war der Dayton-Vertrag; war das Ende der Kriege, war eine von Washington diktierte Pax Americana.

Europa hatte seine Unfähigkeit demonstriert: Deutschland stützte die nationalen Bestrebungen Kroatiens, ohne Abstimmung mit den britischen und französischen Interessen. Frankreich und Italien wiederum sahen mit Argwohn, dass das soeben vereinigte Deutschland wie eine Großmacht agierte, ohne Rücksicht auf europäische Gemeinsamkeiten, die im Rahmen der EU entwickelt werden könnten. Und niederländische Blauhelme übergaben in Srebrenica die Opfer ihren Henkern.

Als eine von den USA geführte Allianz 2003 die militärische Invasion des Irak startete, war die demonstrative Abwesenheit Europas von geradezu schmerzhafter Deutlichkeit. Die Bereitschaft der britischen und spanischen und anderer europäischer Regierungen, sich an der „coalition of the willing“ zu beteiligen, kontrastierte scharf mit der Politik Frankreichs und Deutschlands und anderer EU-Staaten, die dem Einmarsch in den Irak sowohl eine rechtliche als auch eine politische Legitimität absprachen. Donald Rumsfeld hatte jeden Grund, ironisch zu fragen, was denn die Position Europas sei; er könne ein Europa und eine europäische Irak-Politik ganz einfach nicht erkennen.

Diese verschiedenen Kapitel europäischen Versagens waren ein entscheidendes Motiv für die Suche nach einer neuen europäischen Dimension: Europa kann nicht agieren, wenn es nicht als Europäische Union verstanden wird. Europa gleicht eher dem Königreich Polen, einer De-facto-Adelsrepublik, in dem die einzelnen Aristokraten mit einem individuellen Vetorecht („liberum veto“) ausgestattet waren; dem Polen, dessen Zerfall im 18. Jahrhundert durch das Fehlen einer zentralen Autorität verursacht worden war. Mit anderen Worten: Wenn Europa eine globale Rolle spielen soll, auch und gerade im Interesse des Weltfriedens, dann muss die Union ermächtigt werden; ermächtigt auf Kosten der außenpolitischen Souveränität der Mitgliedsstaaten. Alles andere ist leeres Gerede.

Zwei Gruppen von Mitgliedsstaaten haben ein vorgegebenes Interesse, die Weiterentwicklung der GASP zu blockieren – die großen und die neutralen. Vor allem Großbritannien und Frankreich denken nicht daran, ihre nationale Sonderstellung – ausgedrückt in ihrer Nuklearkapazität und ihrer ständigen Mitgliedschaft im UN-Sicherheitsrat – zugunsten einer Einbindung in eine von der EU direkt gesteuerte Außenpolitik aufzugeben. Das britische und das französische nationale Selbstbild lässt offenbar nicht zu, die auch durch die beiden Weltkriege untermauerte Großmachtphantasie teilweise einer europäischen Außenpolitik unterzuordnen, die von den Institutionen der EU formuliert und umgesetzt wird.

Diese Konsequenz fürchten nicht nur die großen Staaten – allen voran Großbritannien und Frankreich. Diese Konsequenz lehnen auch die sechs Staaten ab, die zwar der EU angehören und mit ihrer Mitgliedschaft auch das Versprechen einer Gemeinsamen Außen- und Sicherheitspolitik abgegeben haben, die aber – aus unterschiedlichen Gründen – nicht dem Nordatlantik Pakt, also der NATO angehören. Diese Staaten, die sich teilweise als „neutral“ definieren (Irland, Österreich), teilweise als „allianzfrei“, gehen – grundsätzlich wohl zu Recht – davon aus, dass das Ende ihrer außen- und sicherheitspolitischen Souveränität auch das Ende ihres formalen Neutralitätsstatus wäre. Und dazu sind sie aus vor allem innenpolitischen Motiven nicht bereit: Irland nicht, weil die Neutralität ein fester Bestandteil des antibritischen Narrativs der Republik ist; Zypern nicht, weil die NATO durch die Präsenz türkischer (und damit NATO-) Truppen auf zypriotischem Territorium diskreditiert erscheint; Malta nicht, weil die Loslösung von Großbritannien in den 1960er Jahren auch als Lösung der Bindung an die britische (NATO-) Politik verstanden wird; Österreich, Schweden und Finnland nicht, weil die Erfolgsgeschichte dieser kleinen Demokratien nach 1945 in der jeweiligen öffentlichen Meinung ursächlich mit dem Neutralitätsstatus verbunden wird – auch wenn der Neutralität die geopolitische Rahmenbedingung, der Ost-West-Konflikt, abhandengekommen ist.

Deshalb bleiben die Bekenntnisse zur Gemeinsamen Außen- und Sicherheitspolitik letztlich ohne wirkliche Substanz. Ohne Vergemeinschaftung der GASP – analog der gemeinsamen Agrar- oder Wettbewerbspolitik – ist die EU auf der weltpolitischen Bühne kein wirklicher Akteur. Die Europäische Union bleibt so eine regionale Variante der Vereinten Nationen: Geeignet und willens, in bestimmten Grenzen gute Dienste in humanitären Fragen zu leisten und unter bestimmten Voraussetzungen auch für die Erhaltung des Friedens („peace keeping“) zur Verfügung zu stehen; wie zum Beispiel in Bosnien-Herzegowina in Vollziehung der Pax Americana. Aber als eigenständige Kraft, fähig auch zur Friedensstiftung („peace making“), ist die Union nicht vorhanden.

Und doch gäbe es einen weltweiten Bedarf an einer Europäischen Union, die global Verantwortung übernimmt. Und es gäbe auch ein europäisches Interesse an der Ermächtigung der Union – an der entsprechenden Weiterentwicklung der GASP über die Besitzstandsinteressen nationaler Vetomächte hinaus.

Nach dem Ende des Kalten Krieges, der als ein bipolares Ordnungsmuster fast die gesamte zweite Hälfte des 20. Jahrhunderts die Weltpolitik bestimmt hatte, ist die Suche nach einer „neuen Weltordnung“ voll im Gange. Die Vorstellung, die USA könnten nach dem Ende der „Zweiten Welt“ – der Gegenwelt, die von der UdSSR dominiert wurde, als „einzig verbliebene Supermacht“ zum Weltpolizisten werden, hat sich in den Niederungen des Zweistromlandes und den Bergen des Hindukusch verflüchtigt. Die Vision von einer globalen Hegemonie der USA hat sich aufgelöst. Die USA brauchen Partner – und die Welt braucht ein Gleichgewicht.

Dieses Gleichgewicht entwickelt sich in Form einer multipolaren Ordnung, in der den USA vor allem mit China und Russland und Indien Mächte gegenüberstehen, die für eine gewisse Balance sorgen. Ob in diesem – möglichen – Netzwerk für Großbritannien und Frankreich viel an Eigenständigkeit übrigbleibt, sei dahingestellt. In dieser multipolaren Ordnung wäre – jedenfalls auf längere Sicht – für europäische Nationalstaaten nur ein Platz in der zweiten Liga. Militärisch ist jeder dieser Staaten weit hinter den USA und wohl auch Russland und bald auch China zurück. Ökonomisch zeigen die Wachstumsraten Chinas und Indiens (und Indonesiens), dass – wie Tom Friedman festgestellt hat – die Zukunft in Asien stattfindet.

Doch dieses Gleichgewicht wäre ein höchst fragiles. In den USA hat sich die Schere zwischen militärisch und ökonomisch definierter Macht weit aufgetan – die stärkste Militärmacht der Welt hat ihr Potential gefährlich überdehnt; sie lebt über ihre Verhältnisse. Die chinesische globale Rolle ist mit einem besonderen großen Unsicherheitsfaktor verbunden: Ein liberales ökonomisches System und ein autoritäres politisches System koexistieren derzeit und bilden den Erfolgsrahmen für den Aufstieg Chinas zur Weltmacht – aber wie lange kann die Einheitspartei noch verhindern, dass sich die wirtschaftliche Freizügigkeit in einen dann nicht mehr zu kontrollierenden Ruf nach politischer Freizügigkeit verwandelt? Und wie wird es dann um die Stabilität Chinas bestellt sein? Russlands globale Rolle wiederum ist sehr stark von einem „Rentier-Kapitalismus" bestimmt: Die russische Stärke ist besonders von einem Faktor abhängig – vom Weltmarktpreis für Öl und Gas und der Fähigkeit Russlands, die globale Nachfrage nach Energie zu befriedigen.

Während die USA nach wie vor ein militärischer Gigant sind, der immer mehr mit der Frage konfrontiert wird, ob er sich seinen Militärapparat wirtschaftlich überhaupt noch leisten kann, leistet sich das Europa der Union überhaupt keinen Militärapparat; leistet sich die EU den Luxus, auf eine integrierte Außen- und Sicherheitspolitik überhaupt zu verzichten. Die europäischen Nationalstaaten aber spielen weiterhin das Spiel des 19. Jahrhunderts – auf der Grundlage der Fiktion nationalstaatlicher Souveränität.

Die Weltpolitik hat einen Bedarf an einem Akteur namens Europäische Union. Die USA könnten auf einen solchen Akteur setzen, der – mehr als alle anderen globalen Akteure – mit den USA besonders viele Gemeinsamkeiten aufweist. Die USA können und brauchen nicht mehr auf europäische Satelliten zu hoffen – aber auf einen europäischen Partner, mit dem sie auf gleicher Augenhöhe umzugehen hätten; und dessen militärische Schwäche sich mit der amerikanischen militärischen Überstärke ergänzt. Russland könnte entdecken, dass es ihm langfristig mehr Vorteile bringt, nicht mehr die Taktik „Ärgere den einen europäischen Staat durch besondere freundschaftliche Kontakte zum anderen" zu nutzen, sondern mit dem Europa der Union eine dauerhafte Kooperation unter der Perspektive höherer Berechenbarkeit aufzubauen. China könnte erkennen, dass der Wunsch nach weltweiter Stabilität sich eher in Absprachen mit Europa insgesamt – also mit der Union – verwirklichen lässt als mit Vereinbarungen mit 30 und mehr einzelnen europäischen Staaten.

Entscheidend ist freilich nicht, wie die Interessen der anderen globalen Akteure sich entwickeln. Entscheidend ist, wie das europäische Interesse in Europa selbst wahrgenommen wird. Und das europäische Interesse an der Weiterentwicklung der EU zu einem globalen Akteur ist vorhanden. Aber es ist ein schlummerndes, ein latentes Interesse.

Es gibt, leicht nachvollziehbar, ein grundlegendes Interesse, auf die revolutionären Veränderungen im arabischen Raum („arabischer Frühling") als Europa zu reagieren – und nicht als Italien, fixiert auf Tausende und Abertausende Migrantinnen und Migranten, die über das Mittelmeer kommen und Italien als Einfallstor in die Freiheiten und den relativen Wohlstand Europas betrachten; nicht als Deutschland, das sich nur allzu gerne aus der europäischen Gemeinsamkeit verabschiedet, wenn es um „hard power" geht – Afghanistan scheint die deutsche Bereitschaft zu einer solchen Integration in eine gemeinsame Politik schon zu überfordern; nicht als Frankreich, das – offenkundig, um dem innenpolitisch angeschlagenen Präsidenten die Möglichkeit zur Profilierung zu geben – militärische Handlungen setzt, die innerhalb Europas nicht abgestimmt sind; nicht als Dänemark, dessen Regierung in der Geiselhaft einer xenophoben Partei alles und jedes und insbesondere auch die Ereignisse im Norden Afrikas vor allem als potentielle Überfremdung wahrnimmt; sondern eben als Europa, als der auch außenpolitisch aktionsfähige Zusammenschluss teilsouveräner Staaten.

Der vermutlich größte Erfolg der europäischen Integration ist, dass ihre interne Friedensrolle für selbstverständlich gehalten wird. Doch die Friedensfunktion der EU braucht sich nicht darin zu erschöpfen, einen deutsch-französischen oder einen rumänisch-bulgarischen Krieg denkunmöglich gemacht zu haben. Die Union ist – potentiell – ein globaler Faktor, der für die Balance in einer multipolaren Weltordnung eine wichtige Rolle spielen könnte: nicht im Gegensatz zu den USA oder Russland oder China, sondern in Kooperation mit diesen und anderen Mächten.

Eine solche globale Rolle kann die Europäische Union spielen – unter der Voraussetzung freilich, dass sie das will. Und dieser Wille wird davon abhängen, ob die Staaten der Union bereit sind, die Union in eine globale Friedensfunktion hineinwachsen zu lassen. Dazu müssten die Staaten allerdings zu einem – weiteren – Verzicht auf ein Stück nationaler Souveränität bereit sein.

4. Das „Demokratiedefizit“

Das muss man sich erst einmal gefallen lassen, sagt der Pessimist nachdenklich. *Da üben Medien Kritik an der Demokratiequalität der Union und können nicht zwischen Europäischem Rat und Europarat unterscheiden. Und in vielen Mitgliedsstaaten? Da hat man sich angewöhnt, die EU als schmarotzenden Beamtenapparat zu sehen, der ohne jede demokratische Legitimation in luxuriösen Glaspalästen sitzt und ein Privileg nach dem anderen konsumiert. Viele Regierungen in den 27 EU Staaten schauen zu – und tun so, als wären sie nicht auch die EU. Sie sind offenbar froh darüber, dass sich der Zorn der Wutbürger nicht gegen sie, sondern gegen „Brüssel“ richtet. Wie kann, wie soll da die Union eine breitere Akzeptanz in Europa erreichen – bei dieser Allianz aus Nichtwissen und Bequemlichkeit? Niemand benutzt Defizite der französischen Demokratie, um die Existenz Frankreichs in Frage zu stellen. Geht es jedoch um die EU, werden Mängel gesucht und nötigenfalls erfunden, um die Union insgesamt als ein höchst überflüssiges Gebilde hinzustellen.*

Na ja, wendet die Optimistin ein. *Natürlich wird die EU als Blitzableiter missbraucht. Und es ist auch auffallend, dass sich so viele über angebliche oder tatsächliche Missstände in der Union erregen, die auf die Missstände im eigenen Land nur noch mit einem resignierenden Achselzucken reagieren. Aber Max Weber hat sinngemäß auch hier recht: Durch das beharrliche Bohren harter Bretter – mit Leidenschaft und Augenmaß – kann politische Aufklärung erreichen, dass die Stärken und Schwächen der EU-Demokratie verstanden werden. Die EU hat ihre Defizite – wenn man diese offen anspricht und immer wieder den Bezug zu analogen Defiziten in anderen Demokratien herstellt, wird das Demokratiedefizit der Union normalisiert. Die Union ist nicht perfekt – na und? Perfekt sind ja auch nicht die britische oder die italienische Demokratie.*

4.1. Die Unvollendete

Ob die Europäische Union ein Demokratiedefizit hat, hängt davon ab, welcher Maßstab an die Union angelegt wird. Andrew Moravcsik, einer der prominentesten wissenschaftlichen Experten in Fragen der europäischen Integration, kann kein Demokratiedefizit der EU erkennen – weil er die Union nicht als einen wenn auch unfertigen Bundesstaat, sondern als internationale Organisation sieht. Warum, meint Moravcsik, sollte eine Vereinigung souveräner Staaten, die durchwegs Demokratien sind, überhaupt eine eigene Demokratiequalität aufweisen müssen? Die Demokratie der EU besteht in der Demokratie ihrer Mitgliedsstaaten – und aus sonst nichts.

Die Vorstellung, die Europäische Union müsste eine Demokratie sein, die sich an den Standards der entwickelten und stabilen Demokratien der Welt orientiert, geht von einer bestimmten Sollvorstellung aus – und überspringt die reale Distanz zwischen dem Sein der EU und ihrem möglichen Sollen. Nur dann, wenn man will, dass die Union mehr ist als ein Staatenverbund, ist auch der Vorwurf grundsätzlich möglich, die Demokratie der EU sei mangelhaft.

Wer es ablehnt, die Union als eine – noch – unvollendeten Föderation zu sehen; wer wie Moravcsik die EU als Staatenbund sieht; wer, darüber hinaus, die Vorstellung von den Vereinigten Staaten von Europa ablehnt, könnte zufrieden mit dem angeblichen Demokratiedefizit sein. Denn ein solches Defizit würde ja signalisieren, dass die EU eben nicht ihrer möglichen Vollendung als Bundesstaat entgegengeht.

In der Union, wie sie sich nach dem Vertrag von Lissabon präsentiert, gibt es freilich eine Reihe von Aspekten, die sehr wohl die Frage nach der Demokratiequalität rechtfertigen. Denn der Vertrag von Lissabon hat bestätigt und verstärkt hervorgehoben, dass die Union nicht einfach als Gemeinschaft souveräner Staaten gesehen werden will; sondern als ein politischer Januskopf, dessen eine Seite schon die Züge eines Bundesstaates – und dessen andere Seite noch die Züge eines Staatenbundes aufweist.

Wäre die Union ein Bundesstaat, dann gäbe es freilich eine Reihe von schwerwiegenden Gründen, der EU Demokratiemängel vorzuhalten. Doch das betrifft nicht die prinzipielle demokratische Legitimation der Union: Sie ist eine Gemeinschaft, die nur demokratische Staaten als Mitglieder akzeptiert. Deshalb ist die EU in ihrer Doppelnatur demokratisch: Dafür sorgt die Demokratiequalität ihrer Mitglieder, deren Regierungen durchwegs als Resultat freier Wahlen gebildet werden und deren Parlamente vom Gegensatz zwischen Regierung und Opposition gekennzeichnet sind. Die EU-Mitgliedsstaaten respektieren auch die Grund- und Freiheitsrechte, wie sie in der EU-Grundrechtscharta verankert sind. Und wenn ein Mitgliedsstaat diese demokratischen Kriterien nicht mehr einhält, dann gibt es Verfahren, die zur Einhaltung zwingen – zum Beispiel 2011, als die Kommission mit ihrer Kritik am ungarischen Mediengesetz sehr rasch dessen Novellierung durchgesetzt hat.

Die erste Demokratiequalität der EU ist die Demokratiequalität der Mitgliedsstaaten. Aber eben weil sich die Union nicht nur darin erschöpft, ein Zusammenschluss weiterhin souveräner Staaten zu sein – weil die Union teilweise auch die Züge eines Bundesstaates aufweist, existiert eine zweite Demokratieebene. Auf der muss sich die Demokratie nicht der einzelnen Staaten, auf der muss sich die Demokratie der Union selbst beweisen.

Die EU kennt eine und nur eine Direktwahl – die des Europäischen Parlaments. Dass nur dieses und nicht etwa die Kommission direkt demokratisch bestellt wird, weist die Union als ein parlamentarisches System aus: Weder die britische noch die deutsche Demokratie noch die eines Großteils der anderen EU-Staaten kennen die Direktwahl der Exekutive. Wenn es also ein Mangel sein soll, dass die Europäische Kommission nicht von den europäischen Wählerinnen und Wählern gewählt wird, sehr wohl aber vom direkt gewählten Parlament bestätigt werden muss, dem es auch politisch verantwortlich ist: Dann teilt die EU diesen Mangel mit dem „Mutterland" der modernen Demokratie, mit Großbritannien.

Freilich ist bei der Bestellung der Kommission eine Besonderheit zu vermerken, die europäische Demokratien so nicht kennen: Die einzelnen Mitglieder der Kommission werden von nationalen Regierungen nominiert, bevor die Kommission in ihrer Gesamtheit sich dem Parlament zur Bestätigung zu stellen hat.

Dieser Einfluss der Regierungen der Mitgliedsstaaten ist eine Besonderheit – aber nicht unbedingt ein Demokratiedefizit. Denn es sind ja durchwegs demokratisch legitimierte Regierungen, die für die Nominierung zuständig sind. Die Besonderheit kann darin gesehen werden, dass selbst dann, wenn zum Beispiel Spanien zwei überragende Persönlichkeiten hätte, die für eine Mitgliedschaft in der Kommission bestens geeignet wären, Spanien nur eine dieser Personen nominieren könnte; und eine andere Regierung, die sich einigermaßen schwer tut, überhaupt jemanden zu finden, der oder die für die Kommission geeignet erscheint, ist gezwungen, irgendjemanden zu benennen.

Dieser Mechanismus zeigt, dass das entscheidende Merkmal der Union wie aller Bundesstaaten nach wie vor die Machtteilung zwischen den einzelnen Mitgliedsstaaten und der Union ist. In der EU begünstigt aber diese Machtteilung in einem – verglichen mit den USA, der Schweiz oder Indien – ungewöhnlich hohen Maße die Staaten. Diese wachen aufmerksam über dieses – vergleichsweise – auffallende Ungleichgewicht. Und sie haben die Mittel, jede Verschiebung zu ihren Ungunsten zu verhindern.

Es sind vor allem die kleinen Staaten, die – etwa im Vorfeld des Vertrages von Nizza – verhindert haben, dass der Grundsatz „jedem Staat sein(e) Kommissar(in)“ aufgegeben wurde. Natürlich erinnert das an gewisse Puzzles bei der Bildung demokratischer Regierungen auf der Ebene der Staaten: auch eine britische Regierung darf nicht ohne schottische Kabinettsmitglieder auskommen; und jede deutsche Regierung braucht Minister oder Ministerinnen, die aus den neuen Bundesländern kommen. In den letzten Jahrzehnten hat sich auch der informelle Grundsatz etabliert, dass es sich kaum eine europäische Regierung erlauben kann, nur aus Männern zu bestehen. Die nordischen Staaten und Spanien haben diesen Trend bis zur informellen oder formellen Fixierung von Gender-Quoten weiterentwickelt.

Dennoch: Vom Prinzip eines demokratischen Bundesstaates aus lässt sich nicht argumentieren, dass jeder Staat ein Mitglied der Exekutive nominieren muss. Ein indischer Premierminister wird bei der Bildung der Regierung auf ein regionales Gleichgewicht achten. Aber die unbedingte Berücksichtigung eines bestimmten Staates gibt es nicht. Der Bundesrat der Schweiz, die Regierung der Eidgenossenschaft, berücksichtigt durch die „Zauberformel“ ein Gleichgewicht zwischen dem protestantischen und dem katholischen Element und sorgt seit langem dafür, dass die deutschsprachigen Schweizer vier, die anderen drei Regierungsmitglieder stellen. Und jeder US-amerikanische Präsident weiß, dass er – seit Lyndon Johnson – mindestens ein „schwarzes“ Kabinettsmitglied bestellen muss.

Diese Beispiele zeigen, dass Bundesstaaten dazu tendieren, die föderale Macht so aufzuteilen, dass sich alle wichtigen Segmente der Gesellschaft vertreten fühlen können. Das verbindet die EU mit anderen, vollendeten Bundesstaaten. Die Art und Weise freilich, mit der jeder Mitgliedsstaat ohne Berücksichtigung seiner Einwohnerzahl das gleiche Nominierungsrecht besitzt, weist auf den unfertigen bundesstaatlichen Charakter der Union; darauf, dass es Ängste der Staaten – vor allem der kleineren – gibt, die einen Machtverlust befürchten, wenn eine solche formale Regelung zum Beispiel einer anderen Platz macht; etwa dem denkmöglichen Grundsatz, dass das Europäische Parlament ohne die Nominierung durch die Regierungen die Kommission bestimmt; und dass dann eine Koalition der europäischen Parteien im Parlament über die Kommission entscheidet. Der Status quo der Bestellung der Kommission demonstriert, dass die beiden konkurrierenden Prinzipien – ein Europa bestimmt von Staaten oder ein Europa bestimmt von Parteien – nicht im Gleichgewicht sind: Das Europa der Union wird nach wie vor von den Staaten kontrolliert.

Eine ähnliche Problematik zeigt sich bei der demokratischen Legitimität des Europäischen Parlaments. Dieses wird direkt gewählt – ein wichtiger Punkt, wenn es darum geht, der Union einen demokratischen Charakter zu bestätigen. Dass die Wahl des Parlaments nicht an einem einzigen Tag erfolgt, sondern die einzelnen Staaten den Wahltermin innerhalb einer gewissen Zeitspanne für sich festlegen, ist diesbezüglich unproblematisch: Auch indische Parlamentswahlen erstrecken sich auf mehrere Tage. Doch während die Ursache dafür in Indien mit der Größe des Landes und der schwierigen Zugänglichkeit mancher Regionen zusammenhängt, ist die Ursache im Fall der Europäischen Union die Rücksichtnahme auf unterschiedliche nationale Traditionen. Während in einem Großteil der Staaten der Sonntag der traditionelle Wahltag ist – manchmal auch, wie in Italien, in Kombination mit dem folgenden Montag, ist dieser Tag in Großbritannien der Donnerstag. Dies wird auch bei der Terminisierung der Wahlen ins Europäische Parlament berücksichtigt – freilich ergänzt durch die Garantie, dass die Stimmenauszählung erst nach dem Schließen des letzten europäischen Wahllokals in der Union beginnt.

Das Wahlrecht in das Europäische Parlament ist in seinen grundlegenden Prinzipien einheitlich – das allgemeine und gleiche und freie und geheime Wahlrecht gilt generell. Aber das Wahlsystem wird von den einzelnen Staaten festgelegt: Eine Differenz, die deshalb nicht zu sehr ins Gewicht fällt, weil auch Staaten, die ihre nationalen Parlamente nach dem Grundsatz der Mehrheitswahl wählen (Großbritannien, Frankreich), für die Europawahl das Verhältniswahlrecht eingeführt haben – was dazu führt, dass extremistische Parteien (wie der französische Front National oder die Britische Independence Party) im Europäischen Parlament regelmäßig viel stärker vertreten sind als in den nationalen Parlamenten.

Doch das wirkliche Problem der Demokratiequalität der Union liegt in der Struktur der Legislative. Dass zwei Organe – der Rat und das Parlament – die gesetzgebende Gewalt gemeinsam ausüben, ist eine Konzession an die Janusköpfigkeit der EU: Der Rat sorgt dafür, dass Entscheidungen, die Regeln und Verpflichtungen für die gesamte Union betreffen, von einer Versammlung nationaler Regierungsvertreter abgesegnet wird. Die Rolle des Parlaments signalisiert hingegen, dass ein bundesstaatliches Element ebenfalls berücksichtigt wird. Durch die ständige Ausweitung der legislativen Kompetenzen des Parlaments ist das ursprünglich drastische Ungleichgewicht zwischen Rat und Parlament immer mehr zugunsten einer ausgeprägteren Balance verschoben worden. Doch die verfassungsgebende Gewalt – die Kompetenz, Verträge abzuschließen, die über die Entwicklung der Union und insbesondere über die Machtverteilung zwischen Union und Staaten bestimmen, diese Gewalt liegt nach wie vor beim Rat. Damit ist die Übertragung von Zuständigkeiten von den Staaten auf die Union in der Kontrolle der Staaten.

Das rührt nicht an die demokratische Legitimität der Union. Denn die auf diese Weise dominierenden Regierungen sind ja durchwegs demokratisch bestellt. Aber dieser Umstand unterstreicht, dass – legt man die Maßstäbe demokratischer Bundesstaaten an die EU an – die bundesstaatliche Demokratie der EU unterentwickelt ist.

Weder in den USA noch in Indien ist für eine Verfassungsänderung ein einstimmiger Beschluss der Regierungen der Staaten erforderlich. In den USA ist zwar, bei einer Änderung der Verfassung („Amendments"), die Zustimmung von drei Viertel der Parlamente der Staaten gefordert. Und wenn diese Hürde auch relativ schwer zu nehmen ist, so kann jedenfalls nicht ein einziger Staat – oder dessen Regierung bzw. Parlament – den gesamten Prozess der Verfassungsänderung blockieren.

Moravcsik hat recht – wenn man von vornherein an die EU nicht die Ansprüche richtet, die demokratische Bundesstaaten einzuhalten haben. Moravcsik hat nicht recht, wenn man den besonderen Zwischenstatus berücksichtigt, den Januskopf Europäische Union und seine nicht nur als Potential vorhandene, sondern auch real vorhandene (unfertige) Bundesstaatlichkeit.

Nur eines geht nicht, ohne die Grenzen intellektueller Redlichkeit zu sprengen: Man kann nicht der Union einerseits vorhalten, sie sei zu zentralistisch, zu bürokratisch, zu sehr Wasserkopf – mit anderen Worten, die EU hätte den Mitgliedsstaaten schon zu viel an Souveränität genommen; und gleichzeitig der Union Demokratiedefizite vorwerfen. Denn solche Mängel ergeben sich nur, wenn man die EU als bereits zumindest teilweise fertigen Bundesstaat sieht. Wenn die Union die Vereinigten Staaten von Europa werden soll, dann muss sie weitere Kompetenzen an sich ziehen; und dann liefert sie Gründe für die Kritik, ihre Demokratiequalität sei unterentwickelt – denn dann wird sie zum Bundesstaat. Wenn sie sich aber nicht in diese Richtung bewegt, dann öffnet sie sich der zweiten Kritik, dem Zentralismusvorwurf. Das, was der EU an bundesstaatlicher Demokratie fehlt, das ist die Folge, dass die Union eben kein fertiger Bundesstaat ist.

Es gibt den spieltheoretischen Satz „If you do it, you are damned; if you don't, you are damned also." Dieser Satz steht für eine ausweglose Situation: Vor zwei Optionen gestellt, führt jede der beiden zu einer Verurteilung. Das gilt auch für die Debatte über das Demokratiedefizit der Union – wird die EU demokratischer, dann bestätigt sie den Zentralismusvorwurf; will sie aber diesem entgehen, dann trifft sie die Verurteilung wegen mangelnder Demokratie. Konfrontiert mit dem Vorwurf des Demokratiedefizits und dem des Zentralismus („Superstaat EU“) kann sie unmöglich beiden Kritiken entsprechen.

4.2. „Haltet den Dieb“

Die Union ist im Diskurs über ihre Demokratiequalität wie der Hase, den die Igel zu Tode hetzen. Die Union kann es ihren Kritikern ganz einfach nicht recht machen. Und damit erfüllt die Union bestmöglich ihre Aufgabe, als Sündenbock zur Verschleierung der wirklichen Zusammenhänge herzuhalten.

So entsteht eine Negativspirale. Die euroskeptischen Vereinfacher kritisieren einen bestimmten Aspekt – etwa das Fehlen einer europaweit demokratischen Legitimierung des Rates. Und gleichzeitig tun sie alles, um die Herstellung einer solchen Legitimierung etwa durch eine Umwandlung des Rates in einen EU-Senat, der direkt gewählt wird, zu unterbinden. Sie werfen der Union vor, dass die Kommission nur indirekt demokratisch bestellt wird – und blockieren eine seriöse Debatte über andere, demokratischere Varianten der Bestellung der EU-Exekutive: etwa die Wahl der Kommission durch das Parlament.

Diese Spirale hilft den nationalen Regierungen und damit dem Rat der EU, den Status quo gegen alle möglichen Neuerungsversuche zu verteidigen. Die Repräsentanten der nationalen Souveränität verweisen – zu Recht – auf die EU-weit selbstverständlichen Demokratiestandards in den Staaten; und behaupten auch, in unzulässig vereinfachender Form, die Erfahrung zeige, die neuzeitliche Demokratie der Gegenwart sei nur im und für den Nationalstaat entwickelt worden. Damit zementieren sie die Kompetenz-Kompetenz der Staaten und ihren grundsätzlichen Vorrang gegenüber der Union – und gleichzeitig einen Zustand, den sie (oder andere) als Demokratiedefizit der EU immer und immer wieder entgegenhalten können.

Diese Spirale läuft nicht unbedingt als bewusst eingesetztes Instrument raffinierter Regierungen ab, die sich so ihre Macht sichern wollen. Sie hat auch in der Mutlosigkeit, ja Feigheit nationaler Politikerinnen und Politiker ihre Ursache, die an sich von der Sinnhaftigkeit nicht nur der Union, sondern auch deren Weiterentwicklung überzeugt sind; die aber vor dem Amalgam aus medialer Vereinfachung, traditionellen nationalen Vorurteilen und dem Konkurrenzdruck populistischer Parteien immer wieder zurückweichen.

Eine Beobachtung der EU-kritischen Medien nicht nur, aber vor allem auch in Großbritannien zeigt diesen Mechanismus auf. „Brüssel" gilt als Hort der Verschwendung – und als Synonym für die schleichende Entmachtung der Nationalstaaten. Wenn eine Regierung sich anschickt, zum Beispiel wegen einer rationalen und solidarischen Ausrichtung der Migrationspolitik sich für eine Vereinheitlichung, für eine Europäisierung des Asylrechtes und auch des Zuganges zur Staatsbürgerschaft auszusprechen, kommt sie zumeist rasch unter Beschuss von bestimmten Medien: Diese beklagen lauthals den nationalen Ausverkauf und beschwören die diversen Feindbilder, zu denen auch die überprivilegierten „Brüsseler Bürokraten" gehören. Allzu oft und immer wieder schrecken Regierungen vor einer solchen Konfrontation mit der medialen populistischen Vereinfachung zurück, auch, weil sich Oppositionsparteien nur zu gerne dem Chor nationaler Empörung anschließen.

Gerade die britischen Medien haben aber auch aufgezeigt, dass die legitime Kritik an der EU – etwa die Ausstattung der EU-Parlamentarier mit besonderen Büro-, Sitzungs- und Reisegeldern – Parallelen in den nationalen Parlamenten vorfindet. Im Frühjahr 2009 veröffentlichte der „Daily Telegraph" lange Listen von finanziellen Privilegien britischer Parlamentarier – Privilegien, die entweder dem Wortlaut oder dem Geist der Spielregeln des britischen Parlaments widersprachen; Privilegien, die durchaus in Analogie zu jenen zu sehen sind, die in der Kritik am EU-Parlament immer wieder aufscheinen. Der Unterschied: Die Kritik an Missständen im britischen Parlament führt nicht dazu, dass das britische Parlament grundsätzlich in Frage gestellt wird; die Kritik an Missständen im Europäischen Parlament wird jedoch sehr wohl dafür genutzt, dieses Parlament insgesamt als überflüssig hinzustellen.

Oft spielt auch eine Nostalgie eine Rolle, die den demokratischen Sozial- und Wohlfahrtsstaat und dessen Erfolge in das Zentrum der Aufmerksamkeit rückt und die Auflösungstendenzen dieses Erfolgsrezeptes beklagt. Solche Auflösungstendenzen sind zu beobachten. Und es gibt gute Gründe, darüber zu klagen. Die Ursachen für den allmählichen Abstieg des Sozial- und Wohlfahrtsstaates werden aber nicht mit den generell zu beobachtenden Tendenzen abnehmender Politikfähigkeit der Nationalstaaten im Gefolge der ökonomischen Globalisierung in Verbindung gebracht. Und der mögliche Ausweg, den demokratischen Sozialstaat zu retten, indem entsprechende sozial- und wirtschaftspolitische Kompetenzen von der immer schwächer werdenden staatlichen auf die transnationale Ebene der Union verlagert werden, wird nicht aufgezeigt. Die Europäische Union wird nicht als potentieller Retter der Politikfähigkeit und damit auch des demokratischen Sozial- und Wohlfahrtsstaates gesehen, sondern als Verursacher von dessen Abstieg.

Auch aus dieser Spirale ist es schwer, auszubrechen: Denn die heile Welt des schwedischen Sozialstaates, die Erfolge der sozialen Marktwirtschaft in Deutschland, die effektiven Sicherheitsnetze in den Niederlanden – sie alle waren ja tatsächlich das Produkt nationalstaatlicher Demokratie. Und auch die auf ihre Art ebenfalls effizienten Sozialsysteme der vormals kommunistischen Staaten garantierten – auf nationaler Grundlage – soziale Sicherheit: Gesundheitsvorsorge, Beschäftigungsgarantie, Pensionssicherheit für alle. Diese Situation hat sich in allen Teilen Europas wesentlich verändert.

Die reale Gefährdung dieser Errungenschaften ist neueren Datums. Seit etwa 1980 werden die sozialen Einkommensunterschiede in Europa größer – auch in den USA, auch in anderen entwickelten Industriestaaten; und es wächst die Langzeitarbeitslosigkeit. Das bis 2008 stabile Wirtschaftswachstum hat dieses allmähliche Aufbrechen des sozialen Zusammenhaltes politisch weitgehend zuzudecken vermocht: Der Abstand zwischen Arm und Reich wurde zwar größer, aber die Armen wurden nicht wirklich ärmer. Die Krise, die 2008 einsetzte, hat dies entscheidend verändert: Nun werden fast überall in Europa die Armen tatsächlich ärmer. Und die radikalen Sparprogramme, Folge der Finanzkrise, bedeuten für die Mehrheit der Gesellschaft objektive Verschlechterungen. Der auf nationaler Basis errichtete Sozial- und Wohlfahrtsstaat ist immer weniger in der Lage, diese Entwicklung aufzufangen.

Die Ursache hinter dem Brüchig-Werden sozialer Sicherungssysteme ist zwar nicht die europäische Integration, sondern die Logik einer sich globalisierenden Wirtschaft. Doch ist es nicht leicht, einem griechischen Angestellten, der im Zuge der Finanz- und Wirtschaftskrise 2011 unter dem Druck eines auch von der EU kommenden Spardiktats seinen bis dahin für sicher gehaltenen Arbeitsplatz verliert, diese Zusammenhänge zu vermitteln. Es ist schwierig, überzeugend zu argumentieren, dass die strukturelle Arbeitslosigkeit in Frankreich und in Spanien letztlich nicht durch Kraftanstrengungen französischer oder spanischer Politik wirksam überwunden werden kann; dass aber eine Kraftanstrengung europäischer Politik bessere Erfolgschancen hätte – weil das politische Gewicht der EU gegenüber den ökonomischen Kräften des Weltmarktes größer wäre als das Frankreichs oder Spaniens.

Dem Aufbau eines Sozial- und Wohlfahrtsstaates im Rahmen der Europäischen Union stehen aber – auf mittlere Sicht – unübersteigbare Hindernisse entgegen. Denn eine Sozialunion würde eine zumindest vorsichtige Tendenz der Angleichung sozialer Standards innerhalb der Union mit sich bringen. Und dann fürchten gewerkschaftlich organisierte österreichische Arbeiter, dass dies zwar eine Besserstellung slowakischer Arbeiter bedeuten könnte – aber auch eine Verschlechterung der eigenen Situation. Rumänische Unternehmer wiederum sehen die Gefahr, dass verpflichtende europäische Sozialstandards ihre Lohnkosten erheblich ansteigen ließen und gegenüber den reicheren Teilen der Union die Wettbewerbsvorteile zerstören würden, die in den relativ geringen Arbeits- und Lohnkosten ihres Landes liegen.

Dieser Zustand, der die durchaus nachvollziehbaren Mängel europäischer Solidaritätsbereitschaft ausdrückt, wird aber immer wieder zum Anlass genommen, der Union ein soziales und generell ein demokratisches Defizit vorzuhalten. Deutsche Gewerkschafter sehen sich nicht in der Lage, von deutschen Arbeitern eine finanziell spürbare Solidarität im Interesse polnischer Arbeiter zu fordern – aber sie werfen der EU vor, „nur" eine Wirtschafts- und nicht auch eine Sozialunion zu sein. Die deutsche Linkspartei, in ihrem Kern nach wie vor die Nachfolgeorganisation der SED, zählt zu den Fundamentalkritikern der Europäischen Union. Ihre sozial- und wirtschaftspolitische Programmatik ist aber eine nationale – gerichtet auf die Verstärkung und nicht auf den Abbau nationaler Grenzen.

Wie kann die Union aus dieser Falle ausbrechen – aus der Situation, dass diejenigen, die bestimmte Zustände verursachen und ihre Veränderung verhindern, eben diese Zustände der EU zum Vorwurf machen? Wie kann der Hase EU vermeiden, von dem Heer der die Union blockierenden und sie gleichzeitig kritisierenden Igel zu Tode gehetzt zu werden?

Letztlich muss die Zukunft der Union – wieder einmal – aus einer Krise kommen. Den Staaten der EU geht es offenbar – noch – zu gut, als dass sie nach dem bekannten und ihnen zur Verfügung stehenden Instrument der Europäisierung greifen würden. Solange französische Wählerinnen und Wähler eher der Meinung sind, Migration solle national geregelt werden und in Dänemark die Meinung vorherrscht, illegale Zuwanderung könnte durch die Neuauflage der nationalen Grenzkontrollen bekämpft werden; solange nicht deutlich wird, dass es um die Kontrolle der Grenzen der EU und nicht der einzelnen Staaten geht, solange wird die Union sich nicht weiterentwickeln können. Solange die ungarische Regierung glaubt, in bilateralen Abkommen mit der Volksrepublik China chinesische Investitionen in Ungarn eher gewinnen zu können als im Rahmen einer gemeinsamen europäischen Politik; und solange David Cameron als britischer Regierungschef ein militärisches Eingreifen in Libyen lieber in Absprache mit Nicolas Sarkozy, dem französischen, und mit Barack Obama, dem US-amerikanischen Präsidenten, als mit den für die Gemeinsame Außen- und Sicherheitspolitik zuständigen EU-Organen beschließt, wird sich an der Fesselung der Union nichts ändern.

Es braucht mehr krisenhafte Entwicklungen. Für die Vertiefung Europas wäre eine tiefere Krise notwendig. Denn das wahre Ausmaß der Machtlosigkeit traditioneller Politik hat sich noch nicht ausreichend herumgesprochen. Zwar können europäische Staaten allein und souverän über die Abschaffung der Wehrpflicht entscheiden; aber die Arbeitsplätze sichern und die Altersversorgung garantieren – das können sie immer weniger. Der Konflikt zwischen den Menschen mit Arbeit im gesicherten Sektor und anderen wird wohl immer schärfer werden, ebenso wie der Konflikt zwischen den Generationen. Aber erst wenn sich die Hilflosigkeit nationaler Politik erweist, wenn immer mehr Staaten mit einer Budget- und Finanzkrise nicht mehr zurechtkommen – dann, ja dann könnte wieder eine Stunde der europäischen Demokratie schlagen.

Wenn die Europäische Union verstärkt die vom Scheitern bedrohten Nationalstaaten auffangen soll, wird es immer weniger glaubwürdig sein, die EU als Sündenbock zu verwenden. Zwar gilt für manche in Griechenland die Union als mitschuldig am Desaster, das sich in einer wesentlichen Verschlechterung der individuellen Lebensqualität äußert. Aber für diejenigen, die sehen und verstehen wollen, wird klar, dass die Union die (wahrscheinlich zu langsame und sicher nicht ausreichend effiziente) Feuerwehr ist – und nicht der Brandstifter.

Keine griechische Regierung kann glaubhaft auf die Union zeigen, wenn ein Schuldiger an den griechischen Verhältnissen gesucht wird. Keine irische Regierung kann ernsthaft behaupten, die Bankenkrise in Irland wäre ein Produkt europäischer Politik. Behauptet kann hingegen werden, dass Krisen wie die in Griechenland oder Irland das Ergebnis des Fehlens europäischer Politik sind.

Wenn aber als Konsequenz der Krise eine europäische Politik verlangt wird, die mehr ist als das Löschen von bereits ausgebrochenem Feuer; eine Politik, die vielmehr Feuer verhindern soll – dann muss die Union dazu ermächtigt werden. Dann braucht es eine Mehrung der Kompetenzen der Union, um eine aus dem Ruder laufende Verschuldung eines Staatsbudgets oder den drohenden Kollaps eines nationalen Finanzsystems rechtzeitig erkennen und entsprechende Gegenmittel einsetzen zu können. Dann braucht es europäische Institutionen, Organe, die Staatsbudgets und Banken kontrollieren. Für eine wirksame Prävention braucht es eine ermächtigte Europäische Union.

Jede Stärkung der Union auf Kosten der Mitgliedsstaaten macht aber das Problem deutlich, das Moravcsik gar nicht sieht, weil er keine starke Union sieht: das Demokratiedefizit einer sich in Richtung Bundesstaat bewegenden EU. Dann haben die recht, die der Union vorhalten, gemessen an den Demokratiestandards etablierter Bundesstaaten hätte die Union eine unterentwickelte Demokratie und deshalb Handlungsbedarf.

Natürlich werden auch dann die verschiedenen Gegner einer weiteren Vertiefung der Union versuchen, diese in der Lose-Lose-Situation gefangen zu halten, in der sie sich jetzt befindet. Wenn aber die Vorstellung einer mächtigeren, einer föderalen Union dank des sich abzeichnenden Politikverlustes der Nationalstaaten an Schrecken verliert, dann kann die EU auch zu einem demokratischen Bundesstaat werden – oder zumindest einen wichtigen Schritt in diese Richtung setzen.

Dass ein europäischer Bundesstaat sich aus einer tiefen Krise Europas entwickeln könnte, entspricht den Erfahrungen mit der europäischen Integration: Die Krisen, ausgedrückt in zwei Weltkriegen, haben das Unvermögen der europäischen Nationalstaaten unter Beweis gestellt, ihre zerstörerischen Energien selbst unter Kontrolle zu bringen. Wenn für eine breite europäische Öffentlichkeit das Ungenügen der Staaten erkennbar wird, mit den ökonomischen und sozialen Krisen der Zukunft umgehen zu können, dann steigen die Chancen für eine weitere Vertiefung der Union. Die ersten Integrationsschritte waren eine Folge der europäischen Krisen der ersten Hälfte des 20. Jahrhunderts. Die Krisen des 21. Jahrhunderts könnten abermals ein Lernen aus der Krise erzwingen und einen demokratischen Bundesstaat namens Europa hervorbringen.

4.3. Köpfe zählen, nicht Staaten!

Es ist ein Widerspruch zur Realität der Union, dass in kleinen Staaten ein politisch leicht zu mobilisierendes Gefühl vorhanden ist, in der EU würden „die Großen" die Kleinen ständig überfahren. In Wirklichkeit ist es genau umgekehrt: Es sind die Bürgerinnen und Bürger Deutschlands und Frankreichs, Großbritanniens und Italiens, Spaniens und Polens, die Grund hätten, sich als die Verlierer der gegebenen politischen Machtverteilung innerhalb der Union zu sehen.

Die individuelle Möglichkeit, die Politik der Europäischen Union zu beeinflussen – durch die Nominierung der Kommission, durch die Entscheidungsfindung im Rat, und (wenn auch abgeschwächt) durch die Mandatsverteilung im Europäischen Parlament – benachteiligt die Bürgerinnen und Bürger der großen Staaten. Die deutsche Bundesregierung, Repräsentantin einer Demokratie von mehr als 80 Millionen Einwohner, nominiert ein Mitglied der Kommission. Die Regierung Maltas, die im Namen von 400.000 Einwohnern agiert, nominiert ebenfalls ein Mitglied. Das bedeutet, dass die rechnerische Chance einer Bürgerin (eines Bürgers) Maltas, die Zusammensetzung der Kommission indirekt mitzubestimmen, 200-mal höher ist als die Chance einer (eines) Deutschen.

Die Möglichkeit, jeden Vertrag und damit die Weiterentwicklung der De-facto-Verfassung zu beeinflussen und nötigenfalls zu blockieren, ist für die estnische oder die zypriotische Regierung genausogroß wie für die italienische oder die polnische. Umgerechnet auf einzelne Bürgerinnen und Bürger bedeutet dies, dass die jedem (jeder) Einzelnen zustehende Macht in der Union extrem ungleich verteilt ist – Zyprioten und Esten haben mehr Macht als Italiener und Polen.

Die Besetzung des Europäischen Gerichtshofes (EuGH) verzerrt die Gewichtigkeit der europäischen Bürgerinnen und Bürger ebenfalls: Die Regierung jedes Mitgliedsstaates bestellt für den Zeitraum von sechs Jahren ein Mitglied des 27 Köpfe umfassenden Gerichtshofes. Zypern mit knapp 800.000 oder Estland mit etwa 1,3 Millionen sind Frankreich (62 Millionen) und Italien (knapp 60 Millionen) gleichgestellt – was einer Diskriminierung der französischen und der italienischen Bürgerinnen und Bürger gleichkommt.

Dieses Ungleichgewicht spielt im politischen Diskurs der kleineren EU-Staaten kaum eine Rolle. Dänemark sieht sich immer wieder als Speerspitze des Protestes gegen die behauptete latente Benachteiligung der Kleinen – und ist doch eigentlich die Speerspitze der Verteidigung besonderer innereuropäischer Privilegien seiner Bürgerinnen und Bürger. Reformideen für die Bestellung der Kommission werden gerade von Dänemark und den anderen kleineren Staaten blockiert – weil sie nicht „ihren" Kommissar verlieren wollen, der eigentlich nicht „ihrer", sondern ein europäischer sein soll. Und dennoch vermitteln die Wortmeldungen gerade dieser Staaten – ihrer Regierungen und Medien – ein aggressives Defensivdenken.

Ein solches kann mit dem Beharren auf nationalen Interessen begründet werden – nicht aber mit europäischen Interessen. Und schon gar nicht ist es Ausdruck einer Sorge um die Demokratie der Union. Der nationale Egoismus der kleinen Staaten ist ein erheblicher Faktor, der die Weiterentwicklung der Union blockiert – auch und gerade ihrer Demokratiequalität.

Im Mittelpunkt jeder Konzeption von Demokratie steht der Mensch – und nicht die Gruppe. Gruppenrechte, nationaler Minderheiten etwa, haben ihren Platz in der Demokratie. Aber im Zentrum jeder Demokratie steht das Prinzip, das Axiom, dass alle Menschen frei und gleich geboren sind. Will die Europäische Union eine Demokratie sein, dann muss sie auf diesem Axiom aufbauen. Soll sie aus ihrer Unvollkommenheit ausbrechen, dann braucht sie – als eine Union, die mehr ist als ein Ensemble souveräner Staaten – ein einheitliches Konzept des europäischen „citoyen".

In diese Richtung hat sich die Union auch bewegt – dadurch, dass das Wahlrecht zum Europäischen Parlament allen Bürgerinnen und Bürgern in allen Staaten gleichermaßen offen steht; dadurch, dass wesentliche Rechte – die Rechte des Binnenmarktes – allen garantiert sind, überall im Europa der Union; dadurch, dass eine slowenische Bürgerin, die in Frankreich lebt und arbeitet, an ihrem französischen Wohnsitz nicht nur das Wahlrecht für die europäischen Parlamentswahlen, sondern auch für französische Lokalwahlen besitzt. So revolutionär wäre es daher nicht, diese Entwicklung weiter zu denken – bis zur Konzeption einer europäischen Bürgerschaft jenseits nationaler Bürgerschaften als der letztlich notwendigen Grundlage für die europäische Demokratie.

Das schließt nicht aus, wie am Beispiel der Bestimmungen der US-Verfassung über Verfassungsnovellierungen und an der Zusammensetzung des US-Senats gesehen werden kann, dass die Macht nicht nur von einem als Einheit fingierten europäischen Volk ausgeht; dass auch die Staaten – aber eben nicht nur sie – als Quelle politischer Legitimation der Union betrachtet werden; dass

Sonderrechte der Staaten unabhängig von ihrer Größe berücksichtigt werden können.

Ein einheitlicher Status aller Bürgerinnen und Bürger in Europa schließt genauso wenig aus, dass die europäische Demokratie spezifische Rechte der Minderheiten als Gruppenrechte sichert – etwa in Form besonderer Förderprogramme für Roma und Sinti in Mittel-, Ost- und Südosteuropa; oder für Samen im europäischen Norden. Die Grundlage der europäischen Demokratie muss nicht und kann nicht allein der abstrakt gedachte „citoyen" sein, die europäischen Bürgerinnen und Bürger. Aber diese brauchen einen einheitlichen Status – losgelöst von ihren Zugehörigkeiten zu den Gruppen, den Subgesellschaften der Alten oder der Katholiken, der Bauern oder der Frauen; losgelöst aber auch von ihrer Identität als Letten oder Portugiesinnen, als Katalanen oder Waliserinnen. Auf dieser garantierten Einheitlichkeit einer europäischen „citizenship" können und müssen andere Identitäten und Interessen, die nicht einfach als europäisch etikettiert werden können – Sonderrechte also – systematisch aufbauen.

Der Diskurs über die Menschenrechte generell und über die europäischen Grund- und Freiheitsrechte speziell hat im Laufe des 20. Jahrhunderts verdeutlicht, dass die individuelle „Freiheit von" durch die soziale „Freiheit zu" ergänzt werden soll; dass die klassischen liberalen Rechte der Meinungs-, Glaubens- und Pressefreiheit durch die sozialen Rechte auf ökonomische und gesundheitliche Sicherheit zu ergänzen sind. Die liberalen und die sozialen Rechte stehen nicht im Widerspruch zueinander. Allerdings war die Geschichte der Entwicklung dieser Grundrechte vom – zeitlichen – Vorrang der liberalen vor den sozialen Grundrechten bestimmt.

Die Rechte bestimmter Gruppen – auf Anerkennung einer spezifischen Identität und auf Berücksichtigung ihrer besonderen Ansprüche – finden in dem sich ausweitenden Grundrechtskatalog ohne Probleme einen Platz. Allerdings dürfen diese Gruppenrechte nicht auf Kosten der individuellen Rechte gehen, soll nicht die historische Entwicklung von Freiheiten und Rechten rückgängig gemacht werden. Ein Angehöriger der türkischen Minderheit in Bulgarien hat seine primären Rechte als Bürger Bulgariens und damit auch als Bürger der Europäischen Union. Diese seine persönlichen Rechte können nicht der organisierten Minderheit übertragen werden.

Das ist das Problem eines ethno-nationalen Verständnisses von Politik generell und von Europa speziell: Wenn Angehörige der sorbischen Minderheit im deutschen Freistaat Sachsen primär über ihre Ethnizität definiert werden, dann verlieren sie Gewicht als Individuen, die sich frei entscheiden können, ob sie überhaupt der sorbischen Minderheit angehören wollen. Die Freiheiten des Binnenmarktes erfordern auch die Freiheit der individuellen Identitätsbestimmung: Sorben oder Juden oder Basken oder Muslime sind dies, weil sie Sorben oder Juden oder Basken oder Muslime sein wollen; und nicht, weil sie als Sorben oder Juden oder Basken oder Muslime geboren werden.

Daran ändert auch nichts, dass die Fremdbestimmung von Identität immer eine Rolle spielt; dass Roma nicht einfach aufhören Roma zu sein, wenn sie das für sich individuell beschließen. Denn ihr soziales Umfeld mag darauf beharren, sie weiter als Roma zu sehen und zu behandeln. Die demokratischen Grundrechte aber erfordern es, dass niemand gegen seinen oder ihren Willen gezwungen werden kann, sich ethnisch oder religiös in einer bestimmten Form zu definieren. Jedes einzelne Mitglied der sorbischen Minderheit muss das Recht garantiert haben, die Gemeinschaft der Sorben zu verlassen; aufzuhören, sorbischen Gruppenrechten und -pflichten zugerechnet zu werden. Im Zentrum der Demokratie und damit auch der Demokratie der Europäischen Union steht letztlich immer das Individuum – und nicht ein Kollektiv.

Im Zentrum eines demokratischen Bundesstaates Europa muss der europäische „citoyen“ stehen, unabhängig von seiner (ihrer) nationalen oder ethnischen oder kulturellen oder religiösen oder sonst wie definierten Zuordnung. Dieser Grundsatz reibt sich mit bestimmten Interessen und Ideologien. Zu letzteren zählt die Tradition, Identität und Gruppenzugehörigkeit über die Abstammung zu definieren. Dass die Herkunft eine wichtige Rolle bei der Bewusstseinsbildung spielt, ist unbestritten: Die Sozialisation, das Werden einer Persönlichkeit innerhalb bestimmter gesellschaftlicher Rahmenbedingungen, hat immer auch mit Abstammung zu tun. Diese durch vielfältige Beobachtungen immer wieder bestätigte Tatsache widerspricht aber nicht dem Anspruch einer in Flandern geborenen Belgierin, als Ergebnis ihrer beruflichen und persönlichen Entwicklung zur Wallonin zu werden und als solche Respekt verlangen zu können. Sie widerspricht auch nicht dem Status eines niederländischen Muslims, der – den Erwartungen seines Milieus und seiner Familie zum Trotz – sich als Atheist und damit nicht mehr als Muslim definiert.

Jede gesellschaftlich relevante Gruppenzugehörigkeit muss in der Demokratie grundsätzlich frei wählbar sein – und daher auch verzichtbar. Diesem Grundsatz widerspricht, wenn von einer „natürlichen" Zugehörigkeit zu einem Volk, zu einer Volksgruppe, zu einer Religionsgemeinschaft kraft Geburt ausgegangen wird; wenn diese Zugehörigkeit nicht als kulturelles und damit veränderbares, sondern als natürliches und damit unveränderbares Phänomen gesehen wird.

Ethnische und religiöse Zugehörigkeit darf nicht der Anlass für Diskriminierungen sein. Doch die gegenwärtige Verfassung der Union diskriminiert die Bürgerinnen und Bürger der großen Staaten: Ihre individuellen Mitwirkungsrechte sind, als Folge ihrer Staatsbürgerschaft, deutlich gegenüber den Bürgerinnen und Bürgern kleiner Staaten reduziert. In den USA gibt es zu dieser tendenziellen Bevorzugung der kleinen Staaten ein Korrektiv in Form der Mandatsverteilung im Repräsentantenhaus. Bei der Wahl in dieses Haus des Kongresses hat die Stimme einer Bürgerin Kaliforniens dasselbe Gewicht wie die Stimme einer Bürgerin

Vermonts. Innerhalb der Europäischen Union fehlt ein analoges Korrektiv.

Innerhalb der Union sind die Mitbestimmungsmöglichkeiten der Bürgerinnen und Bürger auf allen Ebenen und in allen Bereichen ungleich verteilt – je nachdem, ob eine individuelle Zugehörigkeit zu einem kleineren oder einem größeren Staat gegeben ist. Ein demokratischer europäischer Bundesstaat wird nicht darauf aufbauen können, dass eine Person mit luxemburgischer Staatsangehörigkeit ein Vielfaches an politischem Gewicht hat als eine Person mit britischer Staatsangehörigkeit. Solange die Union ein unvollendeter Bundesstaat ist, mag diese Verletzung einer demokratischen Grundnorm noch als Ausdruck der Vorbehalte von (wenn auch eingeschränkt) weiterhin souveränen Mitgliedsstaaten sein.

Im gegenwärtigen Zustand der Union wird das Gewicht der individuellen demokratischen Mitwirkung höchst ungleich auf die EU-Bürgerinnen und Bürger verteilt – je nach Staatszugehörigkeit. Diese Ungleichbehandlung könnte in einem voll entwickelten demokratischen Bundesstaat nicht aufrechterhalten werden – zu sehr steht sie im Widerspruch zu demokratischen Prinzipien. Sollten die Vereinigten Staaten von Europa Wirklichkeit werden, kann ein solcher Widerspruch nicht dauerhaft bestehen. Die Reform der europäischen Demokratie kommt unvermeidlich mit der Finalisierung eines europäischen Bundesstaates.

5. Das Krankheitsbild der Union

Das muss nun doch endlich allen einleuchten, fasst die Optimistin zusammen. *Die Griechenlandkrise hat deutlich gezeigt, dass die Antwort auf solche gefährlichen Entwicklungen nicht weniger, sondern mehr Europa ist. Was haben da nicht die höhnischen Zwischenrufe vorhergesagt – das Ende des Euro und den Anfang vom Ende der Union. Insgesamt – zögerlich und spät – hat die Union aber dann doch das Richtige getan. Und das Richtige ist eben nicht die Renationalisierung der europäischen, sondern die Europäisierung der nationalen Politik. Das Ergebnis ist, dass die gesamteuropäische Solidarität gestärkt ist. Nicht die nationalen Egoismen haben gesiegt. Gesiegt hat die Gesamtverantwortung aller für Europa. Europa geht gestärkt aus der Krise hervor.*

Warten wir es ab, hält der Pessimist entgegen. *Als „Retter" ist nicht die Kommission aufgetreten, und nur am Rande die Europäische Zentralbank. „Gerettet" wurde Griechenland vor dem Bankrott, weil Deutschland und Frankreich nach längeren Zwistigkeiten sich auf eine Formel einigen konnten. Das war nicht die EU – das war der französische Präsident, das war die deutsche Kanzlerin, die aus letztlich innenpolitischen Gründen dem Druck des Internationalen Währungsfonds nachgegeben und eine vorläufig adäquate Antwort auf die Krise gefunden haben. Europa? Die Europäische Union? Die war doch abwesend. Der Präsident der Kommission, der ständige Ratspräsident – das Beste, was über sie gesagt werden kann, ist, dass sie das zögerliche, aber letztendlich erfolgreiche Krisenmanagement der Regierungen der großen Staaten nicht behindert haben. Nationale*

Regierungen haben sich überzeugen lassen, dass ihre nationalen Finanzwirtschaften allzu großen Schaden nehmen würden, sollte Griechenland tatsächlich in die Pleite schlittern. Aber das kann doch nicht als Beleg für eine neue Qualität der Handlungsfähigkeit der Union gewertet werden!

5.1. Die deutsche Krankheit: „Wir, die Zahlmeister ..."

Dass die deutsche Bundeskanzlerin so lange zögerte, bis sie initiativ wurde und die Griechenland-Lösung ermöglichte, hat ihr nicht nur die Kritik Helmut Kohls eingebracht, der schon „sein" Europa durch Angela Merkel gefährdet sah. Merkels Zögern war Ausdruck einer deutschen Befindlichkeit, die in die Anfänge der Bundesrepublik Deutschland zurückweist.

Das 1949 gegründete postnationalistische Deutschland ließ die alten Formeln der Revanche – etwa die mit dem Begriff „Versailles" verbundenen – hinter sich. Es sollte ein neues, ein liberales und demokratisches und europäisch vernetztes Deutschland sein, das seine Lehren aus dem vom NS-Staat vom Zaun gebrochenen Angriffskrieg und dem von eben diesem Staat geplanten und durchgeführten Holocaust gezogen hatte. Deutschland wollte so etwas wie ein Musterschüler sein. Keine Dolchstoßlegenden standen – wie nach 1918 – der deutschen Demokratie im Wege. Die Schuldfrage war, für dieses Deutschland, keine offene Frage; ganz anders als nach dem Ersten Weltkrieg. Deutschland – und zwar sowohl das Deutschland der Adenauer-Zeit als auch das der mit den Namen Willy Brandt und Helmut Schmidt verbundenen Regierungen – wollte so etwas wie der Klassenbeste sein. Niemand sollte Deutschland in seiner Absage an den Nationalismus übertreffen.

Deshalb war die Bundesrepublik ein selbstverständliches Gründungsmitglied der Europäischen Gemeinschaften. Deshalb versuchte das Deutschland der „Wirtschaftswunderzeit", durch finanzielle Großzügigkeit seinen Status als ein neues Deutschland immer wieder unter Beweis zu stellen – etwa gegenüber dem Staat Israel; etwa in Form einer demonstrativen Einladung an jüdische Zuwanderung. Anders als nach 1918 verhielten sich die westlichen Alliierten auch großzügig gegenüber diesem Deutschland: Es gab keine Gebietsforderungen Frankreichs an Deutschland, und die Idee von Reparationen wurde bald aufgegeben.

Das führte allerdings auch dazu, dass sich ein bestimmtes Bild in den Köpfen der Deutschen einzunisten begann – das Bild von Deutschland, das für seine Akzeptanz im Klub der westlichen Demokratien einen höheren Mitgliedsbeitrag zu zahlen hätte. Das neue, das demokratische Deutschland war dankbar, als vollwertiges Mitglied von den anderen westeuropäischen Demokratien akzeptiert zu werden. Und diese Dankbarkeit äußerte sich in einem spezifischen Eifer, sich europäischer als die anderen zu erweisen.

Auf längere Sicht belastet dieses Bild die Europapolitik Deutschlands. Mit dem Generationenwechsel geht die seit 1949 in Deutschland vorherrschende Einstellung zurück, niemand in Europa dürfe die Bundesrepublik an Demokratiequalität und an Friedensorientierung und insbesondere darin übertreffen, die Vergangenheit „aufzuarbeiten". Die im Namen Deutschlands begangenen Verbrechen waren der Bezugspunkt für die Vorzugsschülerrolle, die Deutschland sich zu erarbeiten versuchte – erarbeiten vor allem durch den Einsatz der Mittel, die mit der Bundesrepublik besonders identifiziert wurden. Und diese spezifisch deutschen Ressourcen waren nicht militärischer, sondern ökonomischer Natur. Wirtschaftswunder und D-Mark wurden synonym für die (west)deutsche Erfolgsgeschichte seit 1949.

Was Wunder, wenn der Generation der Enkel derer, die die NS-Zeit bewusst miterlebt hatten, diese Motivation allmählich abhanden kommt. Was Wunder, wenn nach der deutschen Einigung, 1990, die auch nur begrenzte wirtschaftliche Solidaritätsbereitschaft der „reichen" Westdeutschen gegenüber den „armen"

Ostdeutschen der europäischen Solidaritätsbereitschaft im Wege zu stehen scheint. Was Wunder, wenn – artikuliert vor allem durch die Boulevardmedien – die Einstellung wächst, Deutschland hätte doch schon „genug" gezahlt.

Das alles ist verständlich. Doch es baut auf falschen Annahmen. Deutschland ist nicht der „Zahlmeister" der EU. Zwar sind die finanziellen Beiträge Deutschlands zum Budget der EU die größten. Das ist aber nur die logische Folge davon, dass Deutschland das einwohnerstärkste Land der EU ist – und überdies zu den wohlhabenden Mitgliedsstaaten gehört. Es gibt aber keine Negativprämie, die Deutschland speziell belasten würde.

Nach den Daten des „Centrums für Europäische Politik" (www.cep.eu) waren 2009 acht Mitgliedsstaaten „Nettozahler" in der EU – also Staaten, die in das Budget der EU mehr einzahlten als ihnen durch Umverteilung zugute kam: Deutschland, Frankreich, Italien, Großbritannien, Dänemark, Finnland, Österreich und Schweden. Dass Belgien und Luxemburg in dieser Statistik nicht aufscheinen, liegt daran, dass diesen beiden Staaten spezifische EU-Mittel zur Finanzierung der in diesen Ländern ansässigen EU-Institutionen zur Verfügung gestellt werden.

Rechnet man nun die Nettozahlungen der acht ausgewiesenen Nettozahler auf die Einwohnerzahl um, so war 2009 Finnland der größte Nettozahler – gefolgt von Frankreich, Italien und Deutschland. Es stimmt also ganz einfach nicht, dass der „deutsche Steuerzahler" immer „zur Kasse" gebeten wird, wenn es um die Finanzierung der Union und ihrer Politik geht.

Nun ist sicherlich zu berücksichtigen, dass das Ausmaß der Nettozahlungen – also der Zahlungen an die EU minus der Mittel, die von der EU kommen – von Jahr zu Jahr divergiert. Die einzelnen Projekte, die von der EU finanziert werden, verteilen sich ja nicht gleichmäßig auf mehrere Budgetjahre. Aber es ist wichtig, festzuhalten, dass die deutsche Empfindlichkeit („Haben wir Deutsche nicht schon genug bezahlt?") auf der realitätswidrigen Annahme beruht, Deutschland würde bei der Festlegung der Einnahmen und Ausgaben der EU anders, nämlich schlechter, behandelt werden als die anderen Staaten.

Diese deutsche Krankheit ist freilich nicht nur eine deutsche. Dass 2011 bei den finnischen Parlamentswahlen die Partei der „Wahren Finnen" mit ihren Anti-EU-Parolen besonders erfolgreich war; dass in der Gruppe der reicheren EU-Staaten Parteien im Aufwind sind, die den deutschen Slogan „Genug gezahlt für die anderen" wiederholen, zeigt, wie brüchig die Solidarität innerhalb der Union ist. Die Finanzkrisen in den mediterranen Mitgliedsstaaten und Irland waren konfrontiert mit dieser Einstellung, die eine gesamteuropäische Solidarität grundsätzlich in Frage stellt. Die deutsche Krankheit besteht im nationalen Selbstmitleid – und im Verdacht, von „den anderen" über den Tisch gezogen zu werden.

Da hilft der Appell an die Rationalität offenkundig wenig – etwa der Hinweis, dass die Pro-Kopf-Belastung mit Nettozahlungen in Finnland für das gesamte Jahr 2009 nur 92 Euro betrug und bei den anderen Nettozahlern entsprechend weniger. Die populistisch instrumentierbare Vorstellung, dass die fleißigen und erfolgreichen Finnen für die offenkundig als weniger fleißig wahrgenommenen Griechen und deren wirtschaftliches Versagen aufzukommen hätten, führt Schritt für Schritt zu einem Infragestellen der EU und schließlich zu einer möglichen Aufkündigung der Solidarität innerhalb der Union.

Wenig hilft auch der Hinweis, dass die Steuerzahler des US-Bundesstaates Connecticut viel mehr zum US-Budget beizutragen haben als die Steuerzahler des US-Bundesstaates Mississippi; dass also auch in den USA (und in der Schweiz und in Indien) das Phänomen der Nettozahler und der Nettoempfänger existiert – als logische Konsequenz von Bundesstaatlichkeit. Denn die Identifikation mit dem Europa der Union ist, wie die „deutsche Krankheit" belegt, weniger entwickelt als die Identifikation in den anderen, voll entwickelten Föderationen Schweiz, USA, Indien. Die wirtschaftlichen Probleme Mississippis provozieren eben deshalb weniger populistischen Protest in Connecticut als die wirtschaftlichen Probleme Griechenlands das in Deutschland oder Finnland machen.

Das erinnert an den Zusammenbruch Jugoslawiens im Gefolge des Demokratisierungsprozesses. Die Umwandlung eines kommunistischen Einparteiensystems in ein liberal-demokratisches Mehrparteiensystem setzte in den wohlhabenderen Republiken Slowenien und Kroatien eine Dynamik frei, die zur Unabhängigkeitserklärung dieser beiden Republiken führte – und damit zu einer Kettenreaktion, die als postjugoslawische Kriege die 1990er Jahre bestimmen sollte.

Nun ist es natürlich so, dass in den Unabhängigkeitsbestrebungen Sloweniens und Kroatiens nicht die einzige und auch nicht die entscheidende Ursache für die Katastrophen am Westbalkan gesehen werden können. Aber Slowenien und Kroatien waren die ersten Dominosteine, die fielen. Und im Hintergrund stand eine sich über Jahrzehnte aufgestaute Mentalität, die sich im kommunistischen Einparteienstaat nicht offen artikulieren konnte – die Wahrnehmung, dass die fleißigen und wirtschaftlich erfolgreichen Slowenen und Kroaten für die anderen, weniger erfolgreichen (weniger fleißigen?) Republiken immer und immer mehr zu zahlen hätten. Die Demokratisierung Jugoslawiens führte zur Aufkündigung der innerjugoslawischen Solidarität und zum Ende der Föderativen Republik Jugoslawien.

Ähnliches ist ja auch innerhalb der Union zu beobachten. Die italienische Lega Nord versteht sich als Protestbewegung gegen die inneritalienische Umverteilung von Nord nach Süd. Die Argumente flämischer Parteien für eine Neuordnung der Fiskalstruktur Belgiens sind die Folge abnehmender Solidarität des reicheren Flandern mit dem weniger reichen Wallonien. Die Autonomieforderungen Kataloniens und Schottlands, die immer auch mit der Möglichkeit einer vollständigen Trennung Hand in Hand gehen, haben eine ökonomische Dimension – zusätzlich zur ethnisch-nationalen: Warum sollen wirtschaftlich besonders dynamische Regionen in dem bisher geübten Maße solidarisch mit dem weniger dynamischen „Rest" des gesamten Landes sein?

Ein Zerfallsprozess wie der Jugoslawiens – wenn auch wohl nicht mit den Begleitumständen Krieg und Bürgerkrieg – kann auch die Europäische Union zerstören. Wenn sich die Perspektive in den Mitgliedsstaaten renationalisiert; wenn das europäische „Wir"-Gefühl immer stärker von einem nationalen „Wir"-Gefühl überlagert wird, dann wird es immer schwieriger, die Union als eine demokratische, unvollendete Föderation zusammenzuhalten. Die deutsche Krankheit gefährdet das Projekt der europäischen Integration.

Die deutsche Krankheit ist ein Symptom für eine grundsätzliche Verwerfung in der europäischen Bewusstseinslage. Solange der Eindruck vorherrscht, Europa „kostet uns" (gemeint mit „uns" sind jeweils „wir Deutsche" oder „wir Finnen" oder ...) nichts; solange Europa sich in auch individuell zu nützenden Freiheiten äußert; solange eine europäische Solidarität nur ein Lippenbekenntnis erfordert, solange ist das Projekt des vereinten Europa ungefährdet. Der Zug in Richtung eines fertigen Bundesstaates fährt und fährt und fährt. Sobald aber die Wahrnehmung in den Vordergrund tritt, „wir Deutsche" oder „wir Dänen" oder „wir Österreicher" werden von den weniger Tüchtigen, weniger Erfolgreichen und deshalb weniger Wohlhabenden in der Union ausgenützt, ist die grundlegende Solidarität eines gemeinsamen Europas in Gefahr – und damit das gesamte Projekt einer europäischen Integration, die auf eine politische Union als den Kern des vereinten Europas zielt.

Dann freilich fällt nicht nur die deutsche Bereitschaft in sich zusammen, in das Ziel dieses vereinten Europa zu investieren – in Form einer gesamteuropäischen Solidarität, die über unverbindliche Beteuerungen hinausgeht. Dann werden sich zunehmend auch die anderen der reicheren Mitgliedsstaaten abwenden – im Gefühl, dass ihre Leistungskraft von denen ausgebeutet wird, die doch nicht so ganz „zu uns" gehören.

Das Zerstörungspotential der deutschen Krankheit ist ursächlich und direkt verbunden mit der Frage nach der europäischen Identität. Solange es für deutsche Bürgerinnen und Bürger akzeptabel ist, spezifische Solidaritätsleistungen für die „neuen Bundesländer“, also für das Deutschland der früheren DDR zu leisten; aber nicht oder jedenfalls deutlich nicht im selben Umfang spezifische Solidaritätsleistungen für Griechenland (oder Portugal oder Spanien); solange dieser Vorrang nationaler vor europäischer Solidarität mit dieser Eindeutigkeit in ganz Europa dominiert und die Einstellungen der wohlhabenderen Staaten beeinflusst, solange ist die deutsche Krankheit virulent und eine Bedrohung für das Projekt des vereinten Europas.

Jacques Delors, der Präsident der Europäischen Kommission von 1984 bis 1994, hat vor der Erweiterung von 2004 davor gewarnt, dass diese Entwicklung zu früh kommen könnte; dass vor einer Erweiterung, die eine ganz wesentliche Steigerung der vor allem auch ökonomischen Unterschiede innerhalb der Union bringen müsse, ein entscheidender Vertiefungsschritt kommen sollte. Der Vertrag von Nizza brachte diese Vertiefung nicht. Und der Verfassungsvertrag wie auch der Reformvertrag (der Vertrag von Lissabon) – ersterer nicht, letzterer sehr wohl ratifiziert und implementiert – waren schon das Produkt einer wesentlich erweiterten und vor allem in sich widersprüchlicheren, weniger homogenen Union. Die Erweiterung ist, entgegen dem strategischen Rat Jacques Delors', der Vertiefung vorausgeeilt. Die Folge: Die Solidaritätsbereitschaft gegenüber Europa unter den reicheren Staaten wird in einer Form herausgefordert, die eine Bedrohung für die Europabereitschaft insgesamt ist.

Dass diese Entwicklung die Akzeptanz der Union gefährden könnte, eben weil noch immer Regierungen, die primär nationale Interessen vertreten, im Besitz der Vetomacht in allen wichtigen Vertiefungs- und Erweiterungsschritten sind, das hat Delors' Befürchtung ausgemacht. Er muss sich wohl bestätigt fühlen – auch wenn die europäische Solidarität 2010 und 2011 nicht von den

2004 oder 2007 beigetretenen Mitgliedern herausgefordert wurde, sondern von anderen Staaten.

5.2. Die britische Krankheit: „Das Bildnis der Queen“

Die britische Debatte um die Beteiligung Großbritanniens an der europäischen Integration ist beherrscht von der Sorge um die britische Souveränität. Margaret Thatchers „I want my money back“, Ausdruck einer seit den 1980er Jahren besonders euroskeptischen Haltung der britischen Öffentlichkeit und vor allem der britischen Konservativen, war von dieser Sorge bestimmt. Britisches Geld bleibt britisches Geld – auch wenn es in Erfüllung der Vertragsverpflichtungen eigentlich schon europäisches Geld geworden ist.

Die britische Fixierung auf die nationale Souveränität ist auf den ersten Blick eigentlich seltsam und überraschend: Zum Ersten, weil das Vereinigte Königreich von Großbritannien und Nordirland keine geschriebene Verfassung hat, die in irgendeiner Form definiert, wer der Souverän des Staates ist: Ist es das Parlament, das Unterhaus, das ja – nach der faktischen Transformation der konstitutionellen in eine parlamentarische Monarchie im 19. Jahrhundert – tatsächlich die primäre Quelle politischer Macht in Großbritannien ist? Der Premierminister, der namens der Mehrheit im Unterhaus regiert? Oder ist es der Monarch, der nationale Souveränität zwar nicht ausübt, aber symbolisiert? Oder ist es „das Volk“?

Letzteres freilich erschwert eine rationale Analyse besonders: Welches Volk könnte gemeint sein? Das britische? Diesem rechnen sich jedenfalls die irischen Republikaner Nordirlands sicher nicht zu – und die Schotten und Waliser zum Gutteil nur mit erheblichen Vorbehalten. Das Vereinigte Königreich ist von seinem Anspruch her eben kein traditioneller Nationalstaat, wie er dem französischen Modell entsprechen würde; und wie er Vorbild für die italienische und für die deutsche Einigung im 19. Jahrhundert war. Die Einführung einer regionalen Autonomie für Schottland und Wales in der Ägide Tony Blairs war eine gut nachvollziehbare Reaktion auf die Lebendigkeit unterschiedlicher Identitäten in Großbritannien.

Dass in Folge dieser Regionalisierung Schottland möglicherweise überhaupt aus dem Vereinigten Königreich ausscheiden könnte – diese Option hält sich jedenfalls die Schottische Nationalpartei (SNP) offen, unterstreicht nur die Unmöglichkeit, dieses Königreich als einen traditionellen Nationalstaat zu begreifen. Das Vereinigte Königreich ist noch viel deutlicher als die Staaten des europäischen Kontinents das Produkt historischer Entwicklungen, das verschiedene Königreiche (am prominentesten: England und Schottland) vereinigte; und das heute ein besonderes Paradoxon repräsentiert: Schottland hat sein schottisches Parlament, und Wales hat eine gesetzgebende Versammlung. Das nordirische Parlament hat durch das Abkommen von 1998 eine neue Bedeutung und neues Leben erhalten. Nur England – England genießt keine politische Autonomie.

Die nationale Selbstdarstellung der Britischen Inseln ist von einer Widersprüchlichkeit, die eigentlich an Europa erinnert – auch an das Europa der Union. Denn sie widerspricht der eindimensionalen Logik nationalstaatlichen Denkens. In manchen Sportdisziplinen bilden Nordirland und die Republik Irland eine (nationale?) Einheit. Wenn es aber um die Olympischen Spiele geht, dann gibt es Teilnehmerinnen und Teilnehmer aus dem Vereinigten Königreich von Großbritannien und Nordirland – und andere aus der Republik Irland. Wenn allerdings der internationale Fußball auf dem Programm steht, dann gibt es englische und schottische, walisische und nordirische Mannschaften – und natürlich irische, als Repräsentanten der Republik Irland.

Das erinnert an den Fall der autonomen Provinz des Königreiches Dänemark, an Grönland – und die erstaunliche Situation, dass zwar Dänemark, nicht aber seine Provinz Grönland der Europäischen Union angehört. Das, so könnte man meinen, wäre doch ein Grund, dass sich das Vereinigte Königreich mit der Europäischen Union leichter tut, weil es sich in beiden Fällen nicht um traditionelle Staaten handelt; weil beide – das Vereinigte Königreich und die EU – nur jenseits des traditionellen Kanons der Staatslehre verständlich sind.

Doch es ist natürlich anders. Die britische Einstellung zur Europäischen Union ist nach wie vor davon geprägt, dass in der Alltagssprache Briten, die mit dem Zug unter dem Kanal nach Frankreich oder Belgien fahren, nach „Europa" fahren; dass also die britische Mentalität sich nicht so ganz klar darüber ist, ob Briten überhaupt zu Europa gehören. Dahinter steht die von der Dynamik des Entkolonialisierungsprozesses allerdings rasch zerstörte Phantasie des Jahres 1945, ein „British Empire" oder seine Nachfolgekonstruktion, ein „British Commonwealth of Nations", könnte eine globale politische Rolle spielen – auf einer Ebene mit den USA und der UdSSR und nötigenfalls mit einem vereinten Europa.

Seit dem britischen Beitritt, seit 1973, spielt das Vereinigte Königreich mit großer Verlässlichkeit die Rolle des Mitgliedsstaates, der Vertiefungsschritten a priori mit Ablehnung gegenübersteht. Die Währungsunion? Wenn schon, dann ohne britische Beteiligung. Der Schengen-Vertrag? Nicht mit den Briten. Eine europäische Charta der Grundrechte? Nur mit der Einschränkung, dass britische Gerichte durch diese nicht gebunden werden. Eine Verfassung für die Union? Vielleicht – aber Verfassung darf die Verfassung nicht heißen. Auf die britische Haltung ist Verlass.

Die britische Haltung und insbesondere die konservativer Regierungen ist geprägt vom Misstrauen, dass irgendwelche „Europäer" – folgt man den britischen Massenmedien, dann sind es zumeist intrigante Deutsche und eitle Franzosen (es leben die nationalen Stereotypien!) – Großbritannien entmachten wollen; nicht im Interesse der Europäischen Union, sondern im deutschen und/oder französischen Interesse. Dass „die Deutschen" den europäischen Einigungsprozess als Revanche für die Niederlage im Zweiten Weltkrieg vorantreiben, ist fester Bestandteil britischer Wahrnehmungen: „Sie“ verzeihen „uns“ die Niederlage von 1945 nicht; deshalb kommen „sie“ jetzt unter dem Deckmantel Europa. „Die Deutschen“, so das Klischee, spielen die europäische Karte, um „uns“ zu demütigen. Ein europäisches Interesse, jenseits der Nationalstaatlichkeit, ist in diesem Denken gar nicht vorgesehen.

Erklärbar ist diese Haltung auch damit, dass Großbritannien ursprünglich mit der Gründung der Europäischen Freihandelszone EFTA 1959 ein ganz anderes, viel lockereres Konzept europäischer Integration vertreten hat. Die EFTA war eine Gemeinschaft, für die das Fernziel einer politischen Union nie existierte; die sich im Wesentlichen nur auf den Abbau der innereuropäischen Handelsbeschränkungen konzentrieren sollte. Das kam auch darin zum Ausdruck, dass unter den Gründungsstaaten der EFTA das damals nicht demokratische, sondern semifaschistische Portugal war. Irgendwelche Bindungen an demokratische Grundwerte waren der EFTA fremd – ganz anders als den Europäischen Gemeinschaften.

Dass Charles de Gaulle den bald nach Gründung der EFTA geäußerten britischen Wunsch, nun doch den Europäischen Gemeinschaften beitreten zu wollen, bis zum Ende seiner Präsidentschaft, 1969, erfolgreich blockierte, war allerdings nicht das Produkt der Annahme, Großbritannien würde sich – als Mitglied – zum Hindernis für die weitere Entwicklung der EG entpuppen. De Gaulle war gegen den britischen Beitritt, weil er befürchtete, die enge Bindung britischer Außenpolitik an die USA würde die Eigenständigkeit Europas gegenüber US-amerikanischen Interessen gefährden.

Es ist ein besonderes Zeichen für die nicht vorhersehbaren Entwicklungen europäischer Politik, dass die britische Europapolitik in der Ära Thatcher eigentlich gaullistisch wurde – gaullistischer als die der Gaullisten nach de Gaulle. Die britische Regierung schien de Gaulles Slogan vom „Europa der Vaterländer“ verinnerlicht zu haben. Sie wollten ein Europa, das möglichst wenig von den Grenzen zwischen den „Vaterländern“ aufheben sollte. Die Gaullisten aber, vor allem unter Jacques Chirac, entwickelten sich nicht in Richtung des ursprünglich gaullistischen Euroskeptizismus; sie wurden zu den pro-europäischen Erben Robert Schumans.

Als Tony Blair 1997 britischer Premierminister wurde und in deutlicher Distanz zur konservativen Vorgängerregierung die Möglichkeit eines britischen Beitritts zur Währungsunion in Aussicht stellte, da polterten vor allem die Boulevardmedien des Rupert Murdoch gegen diesen – angeblichen – Kotau vor Brüssel. Die Briten, so die Polemik, dürften doch nicht auf das Bild der Queen auf den Banknoten verzichten. Das Pfund müsse bleiben – der Euro dürfe nicht kommen. Diese Polemik trug wesentlich dazu bei, dass die Labour-Regierung bald erkennbaren Abstand von der Idee nahm, das Vereinigte Königreich in die Eurozone zu führen.

Nun könnte man einwenden, dass zwar die einheitlich gestalteten Banknoten des Euro tatsächlich dem Bild der Königin keinen Platz einräumen würden, dass aber die Euro- und Centmünzen sehr wohl Freiraum für eine nationale Gestaltung ließen. Das Bild der Königin könnte ja – wie das z.B. bei spanischen, niederländischen und belgischen Euromünzen der Fall ist, auf denen königliche Porträts die Rückseite zieren – durchaus auch auf Euromünzen prangen, wenn dies dem britischen politischen Willen entspräche. Doch das wäre ein viel zu rationaler Einwand. Denn die britischen Ängste sind ja nicht tatsächlich am Bild der Queen auf den Banknoten festzumachen. Die Queen ist, der Tradition einer parlamentarischen Monarchie entsprechend, nur das Symbol realer Verhältnisse. Die britischen Ängste beruhen auf der Einsicht, dass der Zug der europäischen Integration, oft stockend und zumeist sehr langsam, in eine bestimmte Richtung fährt. Und der herrschenden öffentlichen Meinung im Vereinigten Königreich passt die ganze Richtung nicht.

Die britischen Konservativen, deren Abgeordnete längere Zeit hindurch im Europäischen Parlament der Fraktion der Europäischen Volkspartei (EVP) angehört hatten, zogen sich nach den Parlamentswahlen von 2009 aus der EVP-Fraktion zurück. Die EVP, sehr stark bestimmt von der französischen gaullistischen UMP und der deutschen CDU/CSU, war den britischen Konservativen zu europäisch, zu föderalistisch. Letzteres ist im britischen Sprachgebrauch, bezogen auf die EU, überhaupt fast schon zum Schimpfwort geworden. Einen britischen Politiker als „European Federalist" zu bezeichnen, klingt wie der Vorwurf des Hoch- und Landesverrates. Seit 2009 bilden die britischen Konservativen im Europäischen Parlament mit den Abgeordneten der polnischen katholisch-nationalistischen Partei PiS (Recht und Gerechtigkeit), der tschechischen ODS und einzelnen Abgeordneten aus anderen Staaten die Fraktion „Europäische Konservative und Reformisten". Das erklärte Ziel dieser Fraktion ist es, die Entwicklung der EU in Richtung Bundesstaatlichkeit zu verhindern.

Das scheinbar Paradoxe an diesem Fraktionswechsel war, dass sie vom konservativen Parteiführer David Cameron betrieben wurde. Dieser stand nämlich innerparteilich im Verdacht, anders als seine Vorgänger in der Parteiführung und insbesondere anders als Margaret Thatcher, europafreundlich zu sein. Und tatsächlich hatte seine Rhetorik lange Zeit die antieuropäischen Ausfälle vermissen lassen, die seit den 1980er Jahren für die britischen Konservativen typisch waren. Um diesen Verdacht auszuräumen, um sich als traditioneller Konservativer in der Nachfolge Thatchers zu beweisen, versprach Cameron, die Fraktionsgemeinschaft im Europäischen Parlament mit UMP, CDU/CSU und anderen konservativen und christlich-demokratischen Parteien aufzukündigen. Ein britischer Politiker sah sich also gezwungen, um nicht durch innerparteiliche Querelen geschwächt zu werden, seine EU-Skepsis besonders augenfällig zu demonstrieren. Nur so glaubte er offenbar, die so schlimme Vermutung abwehren zu können, er sei gegenüber Europa so freundlich wie andere – europäische – Konservative.

Die britische Krankheit ist nicht nur eine britische. Frankreichs Europapolitik scheint solange von europäischem Geist geleitet, solange Frankreich diesen Geist wesentlich zu definieren in der Lage ist. Wenn die italienische Regierung – von den mit dem „arabischen Frühling“ von 2011 unmittelbar verbundenen Migrationswellen überfordert – in einer durchaus problematischen Weise den Migrantinnen und Migranten Schengen-Visa ausstellt, dann fällt Frankreich (und Dänemark) nicht ein, eine gesamteuropäische Verantwortung in Form einer gesamteuropäischen Politik einzufordern und umzusetzen. Frankreich (wie auch Dänemark) antwortet mit der punktuellen Wiedereinführung von Grenzkontrollen. Der erste Reflex ist ein nationaler.

Die illegale Zuwanderung, von der lange Zeit Spanien und später vor allem Italien und Griechenland so ganz besonders betroffen war bzw. sind, ist ja keine Migration in Richtung Griechenland oder Italien. Die Migration gilt dem Europa der Union. Doch eine europäische Migrationspolitik wird von den nationalen Regierungen blockiert – weil diese, dem Geist eines vereinten Europa und der Realität des Binnenmarktes widersprechend, Migrationspolitik als Ausdruck nationaler Souveränität sehen.

Als das Mediengesetz, das die konservativ-nationale ungarische Regierung der Partei der Jungdemokraten (FIDESZ) unter Viktor Orbán durch das ungarische Parlament geschleust hatte, im Europäischen Parlament heftig kritisiert wurde, verurteilte Orbán diese Kritik mit dem Hinweis, es gelte die ungarische Souveränität zu verteidigen. Als es allerdings der zuständigen EU-Kommissarin Neelie Kroes gelang, dem ungarischen Mediengesetz in einigen Punkten Verstöße gegen das EU-Recht nachzuweisen, gab die ungarische Regierung rasch nach und sorgte dafür, dass das Mediengesetz im Sinne der Kritik der Kommission novelliert wurde. Ungarn musste akzeptieren, dass die Souveränität eines Mitgliedsstaates der EU eben eingeschränkt ist – der nationalen Rhetorik zum Trotz.

5.3. Die mittel-osteuropäische Krankheit: „Brüssel ist Moskau"

Als im Frühling 2007 dem tschechischen Staatspräsidenten Václav Klaus das Ehrendoktorat der Universität Innsbruck verliehen wurde, benütze dieser die Gelegenheit, um öffentlich vor den drei Gefahren der Freiheit zu warnen. Diese waren der Kommunismus, der „Environmentalismus" und der „Europäismus". Fast genau drei Jahre nach dem Beitritt der Tschechischen Republik sah sich deren Präsident veranlasst, etwas, was er „Europäismus" nannte, als Gefahr für die Freiheit zu bezeichnen.

Dass Klaus den Kommunismus als Gefahr für die Freiheit nennt, ist verständlich – wenn auch vielleicht historisch überholt. „Environmentalismus" als eine Politik, die im Interesse der Bewahrung der Umwelt Eingriffe in den Marktmechanismus durchsetzen will – dass dies im ersten Jahrzehnt des 21. Jahrhunderts als eine besonders bedrohliche Gefahr für die Freiheit bezeichnet wird, ist nur erklärbar, wenn man in Klaus einen der konsequentesten Vertreter der freien Marktwirtschaft sieht.

„Europäismus" als eine Gefahr für die Freiheit? Hier hat sicherlich auch eine Rolle gespielt, dass Klaus, der ein Anhänger der reinen Lehre der Marktwirtschaft, der „Österreichischen Schule der Nationalökonomie" und Friedrich Hayeks ist, in der EU vor allem auch eine Regulierungsbehörde sieht, die das freie Spiel von Nachfrage und Angebot zu kontrollieren trachtet. Klaus sah aber auch im „Europäismus" die schleichende Einschränkung der Nationalstaatlichkeit.

Diese zweite Einschätzung der EU trifft natürlich den Kern des Integrationsprozesses. Wer sich daran beteiligt, gibt ein Stück nationale Souveränität auf. Das war allerdings auch schon 2004 der Fall, als die Tschechische Republik Mitglied der Union wurde. Klaus' kämpferische Ablehnung jeder Vertiefung der Union wurde bald aber deutlich, als er – bis an die Grenzen seiner konstitutionellen Möglichkeiten gehend – 2009 die Unterschrift unter die vom tschechischen Parlament bereits vollzogene Ratifizierung des Vertrages von Lissabon lange verweigerte.

Was diese Haltung von einer auch im Westen – etwa in Großbritannien – häufig anzutreffenden generellen Ablehnung von Beschränkungen nationaler Souveränität durch die Union unterscheidet, ist die immer mitschwingende und immer wieder auch offen ausgesprochene Sorge, die postkommunistischen Staaten, kaum der Kuratel aus Moskau entkommen, müssten sich nun dem „Diktat Brüssels" unterordnen.

So falsch diese tendenzielle Gleichsetzung auch sein mag – der Beitritt zur EU wurde von den Staaten ja aus freien Stücken beantragt, der Beitritt zum Warschauer Pakt und zum Rat für Gegenseitige Wirtschaftshilfe (COMECON) hingegen wurde von Moskau angeordnet und von den herrschenden kommunistischen Satellitenparteien diktatorisch umgesetzt: Dieser Verdacht, die EU – „Brüssel" – sei die neuere, besser verpackte Variante eines Imperiums in der Tradition Stalins und Leonid Breschnews, spielt in Ost-Mitteleuropa eine wesentliche Rolle.

Die postkommunistischen Staaten warfen sich nach der Transformation der Jahre 1989, 1990 und 1991 mit Vehemenz der US-amerikanischen Außenpolitik in die Arme. Donald Rumsfeld hatte die Staaten Ost-Mitteleuropas 2003 dafür auch mit der lobenden Etikette „New Europe" versehen, das sich so vortrefflich von „Old Europe" (gemeint waren vor allem Frankreich und Deutschland) unterschied. Doch diese Westorientierung wurde in Ost-Mitteleuropa vor allem als Ausdruck der endlich wiedergewonnenen Souveränität verstanden – und nicht als Einordnung in eine im Entstehen begriffene Föderation namens Europäische Union.

Von Václav Klaus stammt auch die Analogie zwischen der die nationale Souveränität beschränkenden „Breschnew-Doktrin", die 1968 zur Rechtfertigung der militärischen Intervention von Staaten des Warschauer Paktes unter sowjetischer Führung in die ČSSR verwendet wurde, mit den Souveränitätsbeschränkungen, die eine Mitgliedschaft in der Union mit sich bringt. Klaus ist also nicht nur Anhänger einer bestimmten wirtschaftswissenschaftlichen Doktrin, aus deren Perspektive die Union nicht ausreichend der freien Marktwirtschaft verpflichtet ist – ein Vorwurf, der diejenigen interessieren sollte, die der EU schrankenlosen „Neoliberalismus“ vorwerfen. Klaus ist auch und vor allem Nationalist. Sein tschechischer Nationalismus ist allerdings geprägt von den jahrzehntelangen Erfahrungen der Abhängigkeit von der UdSSR. Und diese Abhängigkeit haben ebenso Polen und Ungarn, die Slowakei und Rumänien und Bulgarien erfahren – und die drei baltischen Republiken als offizieller Teil der UdSSR in einer noch viel direkteren Form.

In Polen vertritt die Partei „Recht und Gerechtigkeit“ (PiS) eine ähnliche Linie wie Klaus – allerdings ergänzt durch einen spezifisch polnischen nationalen Katholizismus. Die bis 2007 regierende PiS und der bis zu seinem Unfalltod 2010 amtierende, aus der PiS kommende Staatspräsident Lech Kaczyński sahen (und sehen) in der europäischen Integration eine schleichende Aushöhlung polnischer Souveränität. Die Transformation von 1989 und die mit den Sejm-Wahlen vom Juni dieses Jahres verbundene Demokratisierung des Landes wird vor allem aus der Sicht polnischer nationaler Selbstbehauptung gesehen – als Widerspruch zu der und als Widerstand gegen die lange Erfahrung der Fremdbestimmung. NATO- und EU-Beitritt werden primär nicht als Integration Polens in eine liberal-demokratische, transnationale Union mit Zügen eines europäischen Bundesstaates gedeutet, sondern als vorsorgliche Absicherung gegenüber den Begehrlichkeiten anderer Staaten, vor allem der Russischen Föderation. Für diese spezifisch mittel-osteuropäische, postkommunistische Sicht ist die EU-Mitgliedschaft willkommen, wenn sie die Nation in ihrer neu gewonnenen Unabhängigkeit stärkt – aber nicht, wenn sie Schritte setzt, die Nation in eine übernationale Gemeinschaft einzubringen.

Dass die demokratische Transformation in Mittel-Osteuropa auch mit einem Wiederaufleben des Nationalismus verbunden war, zeigt die Nicht-Bereitschaft dieser Staaten, Fragen der Rechtsstellung nationaler Minderheiten so zu lösen, wie dies Finnland (Aland-Inseln) seit bald einem Jahrhundert versucht – und wie in der zweiten Hälfte des 20. Jahrhunderts auch die Politik Italiens (Südtirol, Aosta-Tal), Spaniens (Katalonien, Baskenland) und Großbritanniens (Schottland, Wales, Nordirland) ausgerichtet war. Die Slowakei und Rumänien vermeiden es, den ungarischen Minderheiten eine territoriale Autonomie im Rahmen des slowakischen oder rumänischen Staatsverbandes anzubieten. Bulgarien scheint nicht daran zu denken, die türkische Minderheit durch ein großzügiges Autonomieangebot an den bulgarischen Staat zu binden. Und im früheren Jugoslawien wurde in den 1990er Jahren die traditionelle nationalistische Alternative zum Konzept regionaler Autonomie besonders eindrucksvoll vorgelebt: Ethnische Säuberungen (und, damit nahezu unvermeidlich verbunden, Gewaltverbrechen bis zu Massenmorden) fanden statt – eine Autonomie etwa für die Serben in der kroatischen Krajna wurde hingegen nicht etabliert.

Das unterstreicht, dass die Demokratisierung Ost-Mitteleuropas auch eine Wiederkehr der alten Nationalismen bedeutete. Hatte Westeuropa, im Zuge der europäischen Integration, diese alten Nationalismen allmählich einzudämmen verstanden, war im kommunistischen Europa jede Form von Nationalismus verboten. Mit dem Ende der Diktatur kam für alle und alles, was unterdrückt worden war, die Freiheit – auch für den Nationalismus serbischer oder kroatischer, ungarischer oder slowakischer Provenienz.

Der Nationalismus ist im vormals kommunistischen Europa viel ungebrochener als im Westen. Deutsche Kinder werden seit Jahrzehnten erzogen – von Eltern, Schulen, Medien, in französischen Kindern ihresgleichen zu sehen. Nationalistische Ressentiments gelten ganz einfach als sozial, aber auch ethnisch und intellektuell unakzeptabel. In den Jahrzehnten kommunistischer Herrschaft hingegen wurde in Ost-Mitteleuropa der Nationalismus regierungsoffiziell für überholt erklärt. Nicht primär mit

Erziehung und Aufklärung wurden die verschiedenen Nationalismen bekämpft – sie wurden verboten. Mit dem Ende der Diktatur schien nun alles, was bis dahin verboten war, legitim: eben auch der Nationalismus.

Die mittel-osteuropäische Krankheit ist primär eine der Verspätung. Die der EU 2004 und 2007 beigetretenen „Reformstaaten“ waren vor allem ökonomisch zurückgeblieben. Der individuelle Wohlstand lag weit hinter dem westeuropäischen zurück. Die Westorientierung der postkommunistischen Staaten hatte vor allem hier ihre Ursache. Dass diese Verspätung auch mit einem System sozialer Sicherheit verbunden war, das kaum Arbeitslosigkeit zuließ und mit umfassenden, allgemein zugänglichen Einrichtungen des Gesundheitswesens verbunden war, zählte offenkundig für die Betroffenen weniger. Die Entwicklung von 1990 weg brachte diesen Staaten einen ambivalenten Fortschritt – politische und soziale Freizügigkeit, aber auch den Abbau sozialer Sicherungssysteme.

Die Entwicklung seit 1990 ist durch einen deutlichen Abbau der sozioökonomischen Unterschiede zwischen Westeuropa, zwischen „Old Europe“, und „New Europe“ gekennzeichnet. Bis 2008, bis zur globalen Finanz- und Wirtschaftskrise, hatten die postkommunistischen Staaten durchwegs ein signifikant höheres Wirtschaftswachstum als Westeuropa. Und auch diese Krise haben Staaten wie Polen besser durchlebt, mit weniger Rückschlägen in den Wirtschaftsdaten, als die Staaten Westeuropas.

Die langfristige Tendenz ist also die in Richtung Ausgleich. Das Ost-Mitteleuropa von morgen wird sich weniger von den Staaten Westeuropas unterscheiden, als dies jetzt der Fall ist. Die soziale Beweglichkeit vor allem jüngerer Menschen bringt die verschiedenen Teile Europas einander näher. Die auf transnationale Mobilität ausgerichteten Bildungsprogramme der EU – allen voran Erasmus und Erasmus Mundus – sind geeignet, Gemeinsamkeiten jüngerer Menschen zu fördern und damit nationales Insel- oder Gettodenken zu überwinden.

Als 2004 einige Staaten der EU ihren Arbeitsmarkt nicht sofort für die Bürgerinnen und Bürger der neuen Mitglieder öffneten – und damit die vereinbarte, maximal sieben Jahre umfassende Übergangsfrist nutzten, öffneten sich andere sofort den Arbeit Suchenden aus Mittel- Osteuropa: Großbritannien, Irland, Schweden. In der im Zusammenhang damit stattfindenden Debatte erlangte die konstruierte Figur des „Polish Plumber" eine gewisse Berühmtheit: als Typus eines unternehmerisch denkenden, jüngeren Menschen, der seine technisch-handwerklichen Fähigkeiten nach Westeuropa bringt. Inzwischen mag der „Polish Plumber" aus London oder Dublin wieder nach Polen zurückgekehrt sein, weil die Einkommensunterschiede zwischen Polen und Westeuropa abgenommen haben; oder er bleibt in Göteborg oder Manchester, gründet eine Familie und wird vom Prototyp eines mobilen Polens zum Prototyp eines Europäers mit eben nicht nur polnischer Identität.

Die Integration des vormals kommunistischen Teils in das Europa der Union geht voran. Das könnte auf eine allmähliche Rückentwicklung der mittel- osteuropäischen Krankheit deuten. Wenn Mittel-Osteuropa aufhört, eine ökonomisch und politisch messbare Besonderheit in Europa, quasi eine Anomalie zu sein, dann spricht einiges dafür, dass die Kluft zwischen „Old" und „New Europe" langsam verschwindet. Das könnte aber auch bedeuten, dass die Symptome eines spezifisch postkommunistischen Affekts auf Westeuropa übergreifen.

Die mittel- und osteuropäische Krankheit ist nicht nur eine mittel-osteuropäische. Es ist kein Zufall, dass die britischen Konservativen mit der polnischen PiS und der tschechischen ODS eine gemeinsame Fraktion im Europäischen Parlament bildeten. Da treffen sich westeuropäische, spezifisch britische Ressentiments mit mittel-osteuropäischen. Das Gemeinsame dieser Parteien und der damit verbundenen Strömungen ist, dass eine Renationalisierung der EU betrieben werden soll – eine Verschiebung von Aufgaben und Kompetenzen der Union zurück an die Mitgliedsstaaten; und dass jedenfalls eine weitere Entnationalisierung, eine Stärkung der Union, unbedingt zu verhindern ist.

Die Krankheitsbilder überlappen einander. Die Gemeinsamkeit aller der diese Bilder artikulierenden Akteure ist, dass die Grundphilosophie des Integrationsprozesses – die teilweise Verschiebung von politischer Kompetenz von den Staaten auf die Union – abgelehnt wird. Das geht nicht bis zur Forderung der Auflösung der Union, bzw. des Austritts einzelner Staaten aus der Union. Diese Programmatik ist bestimmten Rechtsaußenparteien vorbehalten. Aber eine sehr typisch mittel-osteuropäische Haltung ist, dass aus dem Gesamtbild der Union bestimmte Facetten als höchst willkommen bevorzugt herausgenommenen werden – etwa die gerade den mittel-osteuropäischen Staaten zugutekommenden Umverteilungsleistungen der EU; dass aber durch die tendenzielle Ablehnung anderer Facetten – etwa die einer Gemeinsamen Außen- und Sicherheitspolitik – das gesamte Bild der Union verloren zu gehen droht.

Die deutsche und die britische Boulevardpresse sind durch einen gemeinsamen Feind verbunden. Sie lieben es, der EU bald arrogante Übermacht und bald professionelle Inkompetenz vorzuwerfen. Dass diese Feindseligkeit in Großbritannien noch ein Stück weiter geht als in Deutschland – bis zur Infragestellung britischer Mitgliedschaft, ist ein gradueller, nicht ein prinzipieller Unterschied. Britische, polnische und tschechische Parteien vernetzen sich – geeint durch das Feindbild einer die nationale Souveränität beschneidenden Union. Ihre europäische Plattform ist der Euroskeptizismus.

Es ist ja eigentlich Teil der Erfolgsbilanz der europäischen Integration – dass auch die Krankheitsbilder sich entnationalisieren; dass auch die Gegner einer starken Union ihre – europäischen – Gemeinsamkeiten entwickeln und politisch nutzen. Es spricht für das Europa der Union, dass auch deren Gegner, mögen sie nun offen oder latent in Erscheinung treten, sich europäisieren. Vielleicht ist das nicht nur einer der interessanteren, sondern der wichtigste Erfolg der Vereinigung Europas: auch die Gegner dieses Einigungsprozesses sehen sich gezwungen, auf der europäischen, auf der transnationalen Ebene Politik zu machen.

6. Euroskeptizismus

Das wird immer so bleiben, resigniert der Pessimist. *Linke Träumer werfen der EU vor, dass sie kein Beitrag zur Überwindung des Kapitalismus, dass sie vielmehr Ausdruck und Garant von Heuschrecken-, Turbo- und sonstiger Kapitalismusformen ist. Die Nationalisten jedweder Schattierung sehen in der Union die Gefahr, dass mit jedem Stück nationaler Souveränität auch ein Stück nationale Identität verloren geht. Regierungen wollen nicht, dass die EU stärker wird – denn dann verlieren sie ja selbst ein Stück Macht. Ihnen ist eine machtlose Union gerade recht, denn dann eignet sie sich hervorragend als Sündenbock. Reiche Staaten fürchten, dass eine Vertiefung der EU sie zur Kasse bitten würde – und kleine Staaten, dass sie weiter an Vetomacht einbüßen müssten. Angesichts dieser Kakophonie der Gegensätze, deren einziger gemeinsamer Nenner die Gegnerschaft zu einem sich ständig vertiefenden Europa ist – angesichts der Allianz der Narreteien und der Widersprüche: Wie sollte da ein wirklich geeintes Europa möglich sein? Europa droht an denen zu scheitern, die nichts anderes gemeinsam haben als die Gegnerschaft zur Europäischen Union. Wunder finden bekanntlich nicht mehr statt.*

Wenn dem so wäre, argumentiert die Optimistin – *warum hat es dann die Union überhaupt so weit gebracht? Die unheilige Allianz ihrer Gegner konnte die Währungsunion nicht verhindern – und schafft es offenkundig auch nicht, den Schengen-Vertrag zu zerstören. Der Verfassungsvertrag wurde zwar blockiert, aber der Vertrag von Lissabon brachte schlussendlich das, was das Wesentliche einer Verfassung der Union zum gegenwärtigen Zeitpunkt ist: ein Stück Vertie-*

fung durch die Zurückdrängung des Vetos im Rat und die Stärkung des Parlaments. Wenn alles so hoffnungslos wäre – warum haben die Finanz- und Bankenkrise in Griechenland, Irland, Portugal die Union gestärkt, statt sie zu zerstören? Ein sich ständig vertiefendes Europa wird ganz einfach gebraucht – den selbsternannten Kassandras zum Trotz. Die Integration läuft und läuft und läuft. Wunder haben doch schon stattgefunden – sonst wäre die Union nicht dort, wo sie heute ist.

6.1. Das Feindbild der Extremisten

1954 sollte die Europäische Verteidigungsgemeinschaft („Pleven- Plan", benannt nach dem französischen Ministerpräsidenten René Pleven) in der französischen Nationalversammlung ratifiziert werden. Die EVG wäre zur zweiten Gemeinschaft geworden, neben der EGKS – und noch vor EWG und Euratom. Im französischen Parlament verhinderte eine Mehrheit, bestehend vor allem aus Kommunisten und Gaullisten – die damals noch vor ihrer Hinwendung zu Europa einem traditionellen Nationalismus verpflichtet waren, die Ratifizierung. Die EVG war tot, und erst der Maastricht-Vertrag, fast vier Jahrzehnte später, versuchte mit der Gemeinsamen Außen- und Sicherheitspolitik (GASP) einen neuen Anlauf in Richtung einer Ermächtigung eines gemeinsamen Europa auch in Fragen äußerer Sicherheit.

2005 verhinderte bei einem Referendum – zuerst in Frankreich, dann in den Niederlanden – eine Mehrheit der Wählenden die Ratifizierung des Verfassungsvertrages. Analysen des Abstimmungsverhaltens zeigten, dass in beiden Ländern die extreme Linke und die extreme Rechte geschlossen gegen den Vertrag stimmten. In Verbindung mit den Wählenden, die aus tagespolitischen Opportunitätserwägungen dem Vertrag ihre Zustimmung verweigerten – etwa viele französische Sozialisten, die Jacques Chirac, der sich mit dem Vertrag identifiziert hatte, eine innenpolitische Niederlage bereiten wollten, war die Allianz der Extremisten abermals stark genug, um einen Schritt in Richtung Vertiefung zu verhindern.

Die verschiedenen Umfragen – vor allem auch die regelmäßig von „Eurobarometer" veröffentlichten – bestätigen immer wieder, dass die Union ein Projekt der politischen Mitte ist; dass die Gegner des europäischen Projekts an den politischen Rändern angesiedelt sind. Das mag in Schweden mit anderen Faktoren verbunden sein als in Ungarn, aber insgesamt ergibt sich ein klares Bild: Diejenigen, die der real existierenden Union skeptisch bis ablehnend bis feindselig gegenüberstehen, finden sich weit überproportional unter Kommunisten und Linkssozialisten; und unter Nationalisten und Rechtspopulisten.

Das entspricht ja auch den Anfängen der Union: Es waren Repräsentanten der politischen Mitte – Christdemokraten und Sozialdemokraten, die das Experiment der europäischen Einigung auf den Weg brachten. Von Beginn an war die Einigung Europas das Werk liberaler Demokraten – der rechten und der linken Mitte. Von Beginn an sahen Extremisten dieses Europa als Gefahr für ihre eben nicht liberal-demokratischen Vorstellungen.

Diese Frontstellung hatte zur Zeit des Kalten Krieges eine besondere Dimension. Die sechs Staaten, die 1957 in Rom die Europäischen Gemeinschaften ins Leben riefen, waren Mitglieder der NATO, waren Bündnispartner der USA, und hatten dementsprechend in der Konfrontation zwischen West und Ost eine klare Position: Die europäische Integration begann nicht nur geographisch als westeuropäischer Prozess, sie war auch geopolitisch mit einer klaren Parteinahme gegen das Modell kommunistischer Einparteiensysteme verbunden, gegen die Struktur einer zentral geplanten Kommandowirtschaft, gegen die Militärallianz des Warschauer Paktes. Dass die Freunde der UdSSR in den Europäischen Gemeinschaften – 1954, in Paris; 1957, in Rom – die Integration bekämpften, konnte niemanden überraschen.

Nicht überraschend war auch die aktuelle Gegnerschaft der Rechtsaußen-Parteien: Die Vorstellung, dass es gelte, die volle nationale Souveränität gegen den Zugriff einer supranationalen Einrichtung zu verteidigen, war weit rechts von der politischen Mitte leicht zu vermitteln – überall in Europa. Die wahre Natur der Union – ihr expliziter Widerspruch zu den europäischen Nationalismen und der Versuch, diesen durch die allmähliche Relativierung nationalstaatlicher Souveränität die Grundlage zu entziehen, machte die Opposition der Rechten verständlich. Und auch heute ist die Ablehnung einer supranationalen Union das gemeinsame Band, das den französischen Front National, die „Wahren Finnen" und die ungarische „Jobbik" verbinden.

Schon weniger logisch erscheint es, wenn die postsowjetische extreme Linke – etwa die in der Fraktion „Konföderale Fraktion der Vereinigten Europäischen Linken/Nordische Grüne Linke" (VEL/NGL) des Europäischen Parlaments zusammengeschlossenen Abgeordneten und nationalen Parteien – mit berechenbarer Verlässlichkeit gegen alle Schritte ist, die den unvollendeten europäischen Bundesstaat ein Stück weniger unvollendet machen sollen. Da mag bei nicht reformierten Kommunisten aus dem französischen Parti Communiste oder der (in der SED-Nachfolge stehenden) deutschen Linkspartei eine Art nostalgischer Reflex aus der Zeit des Kalten Krieges eine Rolle spielen. Aber dass die prinzipiellen Kritiker des „Neoliberalismus" und der Auswüchse der ökonomischen Globalisierung eine Europäisierung der Politik ablehnen und sie nicht als Chance für eine neue Balance zwischen Wirtschaft und Politik sehen – das mag für viele überraschend sein.

Eine Erklärung ist, dass die Linke in Europa immer nur internationalistisch im Wort und nie in der Tat war. Als 1914 die nationalistischen Parolen die Völker Europas gegeneinander hetzten, da zogen auch französische und deutsche Proletarier, französische und deutsche Sozialisten ins Feld, um in patriotischer Aufwallung einander umzubringen. Und der Internationalismus der kommunistischen Parteien war bald schon nach Gründung der Kommunistischen Internationale als ein Propagandainstrument sowjetischer

Außenpolitik erkennbar – am deutlichsten zwischen August 1939 und Juni 1941, als die kommunistischen Parteien der Welt dem Bündnis zwischen Hitler und Stalin zustimmten.

Die gemäßigte, die sozialdemokratische und liberale Linke Europas machte nach 1945 das europäische Einigungsprojekt zu ihrem eigenen. Und auch die Grünparteien – mit Ausnahme der skandinavischen Grünen – stellten sich hinter das Konzept eines sich schrittweise verdichtenden Europa. Die gemäßigte Linke Europas ist allerdings alles andere als die Vertretung der Arbeiterinteressen – der Arbeiter im traditionellen Sinn. Die gemäßigte Linke vertritt vor allem „Modernisierungsgewinner“: Menschen mit relativ guter Bildung, mit relativ guten persönlichen Zukunftsperspektiven; Menschen also, die von den Trends der Modernisierung persönlich eher positiv als negativ betroffen sind.

Die französischen Sozialisten haben seit langem den Ruf, vor allem eine „Lehrerpartei“ zu sein – eine Partei des gebildeten, mittelständischen Bürgertums, in der Wählerstruktur den Grünen sehr ähnlich. Die (Rest-)kommunistischen Parteien Frankreichs und anderer Staaten haben einen Großteil ihres proletarischen Elektorats an die Rechtspopulisten verloren, kämpfen aber nach wie vor um die Stimmen dieser Arbeiter und treffen sich mit der äußersten Rechten auch aus diesem Grund im gemeinsamen Affekt gegen die europäische Integration.

Arbeiter im engeren Sinn – „blue collar workers“, Industriearbeiter, unselbständig Erwerbstätige, die vor allem körperlich arbeiten – sind in Europa seit Jahrzehnten die Verlierer der generellen Entwicklung. Ihre Fähigkeiten werden immer mehr durch Maschinen, durch Roboter ersetzt. Ihre Arbeitsplätze werden zunehmend ausgelagert – nach Süd- und Ostasien, nach Lateinamerika. Diese Entwicklung trifft die europäischen Arbeiter in einer Phase, in der sie – anders als die provokante Formulierung im „Kommunistischen Manifest“ feststellte – deutlich mehr zu verlieren haben als ihre Ketten. Die Wohlstandsentwicklung Westeuropas hat bald nach 1945 das Proletariat mit sozialer Sicherheit und mit (bescheidenem) Wohlstand ausgestattet. Das kommunistische Sozialstaatsmodell hat den Arbeitern unter den Rahmenbedingungen einer Mangelwirtschaft ebenfalls soziale Sicherheit gebracht.

Alles dies erscheint nun gefährdet: Die europäische Stahl-, Schiffsbau- und Textilindustrie existiert kaum noch. Stahl wird in Indien produziert, Schiffe werden in Brasilien gebaut – und Textilien kommen aus China, Mexiko oder Indonesien auf die europäischen Märkte. Den davon unmittelbar Betroffenen hilft es wenig, wenn dafür überall in Europa neue Arbeitsplätze entstehen. Denn diese sind offen vor allem für jüngere, vor allem speziell (und auch akademisch) ausgebildete Menschen. Einem polnischen Arbeiter, 50 Jahre alt, der mit der Schließung der Werftanlagen in Gdansk seinen Arbeitsplatz verliert, hilft es persönlich nichts, wenn auf die an sich so günstige, von einem relativ stabilen Wachstum gekennzeichnete Wirtschaftsentwicklung in Polen verwiesen wird; denn von dieser profitieren IT-Ingenieure, nicht aber Facharbeiter der Schiffsbauindustrie.

Eben weil die europäische „Arbeiterklasse" etwas zu verlieren hat, antwortet sie auf diese für sie so bedrohliche Entwicklung wie vor 80, 90 Jahren das europäische Kleinbürgertum auf ökonomische und soziale Verunsicherung reagiert hat: Es rückt politisch nach (oft sehr weit) rechts, und es wird nationalistisch in einer teilweise neuen Form. Die neuen, proletarischen Nationalismen Europas thematisieren nicht die Konflikte von vorgestern. Das Feindbild der neuen Nationalismen bilden Migrantinnen und Migranten; das Feindbild ist die soziale Beweglichkeit, die – jedenfalls innerhalb der Union – auch ein Produkt der Integration ist; das Feindbild ist nicht mehr die europäische Nation nebenan, sondern die Zuwanderung aus Ländern, deren Kultur als besonders „fremd" empfunden wird.

Es wäre naiv, zu erwarten, dass polnische Werftarbeiter sich solidarisch mit brasilianischen Werftarbeitern fühlen und sie dazu beglückwünschen, dass diese – in Brasilien – Nutznießer eines Modernisierungsprozesses sind, der in Europa zur Schließung fast aller Schiffswerften geführt hat. Die europäischen Arbeiter sind zweifellos die Verlierer einer Entwicklung, die zwar nicht von der EU ausgeht, die aber von der Union symbolisiert wird. Die Freiheiten des Binnenmarktes stehen für die Freiheiten des Kapitals, dort eingesetzt zu werden, wo ohne Rücksicht auf nationale oder patriotische Solidarität Gewinne zu machen sind. Für deutsche Arbeiter ist der Binnenmarkt der EU dafür verantwortlich, dass IT-Konzerne ihre Produktionsstätten in die neuen EU-Staaten verlagern und in Deutschland die Arbeitslosigkeit deshalb zunimmt. Der Binnenmarkt steht für die Freiheiten rumänischer Erntearbeiter in Spanien oder polnischer Bauarbeiter in Irland zu arbeiten. Für italienische Arbeiter ist es der Binnenmarkt der Union, der dazu führt, dass Hunderttausende Bürger Rumäniens nach Italien gekommen sind, um dort Arbeit zu finden.

Der Nationalismus des europäischen Proletariats ist nicht das Aufrechnen der alten Wunden – Frankreich gegen Deutschland, Rumänien gegen Ungarn, Slowenien gegen Italien. Der neue Nationalismus ist generell fremdenfeindlich, ist xenophob. Das europäische Kleinbürgertum des frühen 20. Jahrhunderts hatte – durchaus verständliche – Abstiegsängste. Die daraus resultierende aggressive Abwehrhaltung richtete sich, instrumentalisiert von Faschismus und Nationalsozialismus, gegen Juden und „Bolschewiken".

Das europäische Kleinbürgertum des frühen 21. Jahrhunderts ist das Proletariat. Seine aggressiven Abstiegsängste richten sich gegen Zuwanderer aus dem Maghreb und der Türkei, aus Russland und Südasien. Das europäische Kleinbürgertum des frühen 20. Jahrhunderts war anfällig für Verschwörungstheorien – etwa die von der Allianz aus jüdischer Wall Street und jüdischem Bolschewismus. Das europäische Kleinbürgertum des frühen 21. Jahrhunderts wird von anderen Verschwörungstheorien erfasst. Da spielen die USA und das Judentum sehr wohl auch eine Rolle („Ostküste"). Aber ein fester Bestandteil der aktuellen Suche nach Sündenböcken ist die Union. Ihr wird ein wesentlicher Anteil daran zugeschrieben, dass die Landwirtschaft schrumpft, dass in den Städten Europas „fremde" Gesichter immer häufiger sichtbar werden, dass in den Läden vor allem Spielwaren „made in China" und T-Shirts aus der Dominikanischen Republik zu kaufen sind; vor allem aber, dass das Netz sozialer Sicherheit, das nach 1945 aufgebaut wurde – sowohl das westlich-liberalen, als auch das östlich-kommunistischen Zuschnitts – immer poröser wird.

Mit anderen Worten: Die EU-feindliche Linke und die EU-feindliche Rechte sind nicht so weit auseinander, wie dies auf den ersten Blick erscheinen mag. Hinter ihrer ablehnenden Haltung zur europäischen Integration steht die teilweise nachvollziehbare Sorge vor einer wenig berechenbaren Zukunft; und die daraus resultierende Sehnsucht nach einer Welt von gestern: sei es der schwedische Wohlfahrtsstaat, sei es die garantierte Vollbeschäftigung in der Slowakei.

Dass alle diese Entwicklungen nicht von der EU „gemacht", sondern vom Megatrend der Globalisierung verursacht werden; dass die Union eine denkmögliche politische Antwort auf die sich zunehmend der politischen Kontrolle entziehende Eigendynamik der Wirtschaft ist – alles das ist sekundär. Angst ist ein schlechter Ratgeber, um rational zu verstehen, was tatsächlich abläuft.

Deshalb kommt zusammen, was – entgegen der traditionellen politischen Farbenlehre – zusammengehört: in dem informellen Bündnis der extremen Linken und der extremen Rechten sind die antimodernistischen Sektierer der verschiedensten Spielarten vereint; aber eben auch die traditionellen Verteidiger nationaler Souveränität und die Verteidiger des Kleinbürgerstatus, den sich das europäische Proletariat erwirtschaften konnte.

Das ist in der Geschichte der europäischen Integration ein stabiles Phänomen: Diejenigen, die die sozialen Kämpfe von vorgestern noch immer kämpfen, und diejenigen, die die nationalen Auseinandersetzungen von ebenfalls vorgestern nicht vergessen können, treffen sich mit einer – scheinbar – neuen, gemeinsamen

Agenda: Sie stehen gemeinsam gegen die Konzepte rationaler Aufklärung; gegen das, wofür das Europa der Union steht.

Es gibt viele Gründe, die Politik der EU zu kritisieren. Es gibt gute Gründe, sich eine EU mit anderen, zusätzlichen Konturen zu wünschen – etwa eine Union, die mehr als bisher einheitliche Sozialstandards normiert; oder eine Union, deren Mitgliedsstaaten die Integration nicht mehr durch höchst unterschiedliche Steuersysteme konterkarieren; oder auch eine Union, die sich den vor allem an ihrer Südgrenze konzentrierten Migrationsströmen anders – überlegter, humaner - entgegenstellt. Die EU ist zu kritisieren – wie jedes demokratische System zu kritisieren ist.

Diese nicht nur legitime, sondern als Ausdruck des demokratischen Pluralismus notwendige Kritik ist eine Kritik an den einzelnen „policies" der EU: an der Fischereipolitik der Union etwa oder an ihrer Wettbewerbspolitik, an ihrer Außen- oder an ihrer Sozialpolitik; oder auch am Fehlen einer kohärenten Außen- oder Sozialpolitik der EU. Um aber diese unvermeidliche Kritik an der EU auch umzusetzen, braucht es ein entsprechendes politisches Spielfeld der EU: Der EU mangelnde Geschlossenheit in der Außenpolitik vorzuhalten, bedeutet, der EU mehr Kompetenzen in der Außenpolitik zu wünschen – und diese werden der Union von den Mitgliedsstaaten vorenthalten. Der EU ein – gemessen an ihrer wirtschaftspolitischen Orientierung – grundsätzliches sozialpolitisches Defizit vorzuwerfen, heißt nichts anderes, als eine Verlagerung bestimmter Kompetenzen von den Mitgliedsstaaten an die Union zu fordern; und über eine solche Kompetenzverlagerung befinden abermals die Mitgliedsstaaten.

Kritik an der Politik der EU ist ebenso Teil des demokratischen Alltags wie Kritik an der Politik der USA oder Italiens. Auch Kritik an den Strukturen der EU ist legitim – wie es auch legitim ist, die Existenz des britischen Oberhauses zu kritisieren oder das Fehlen einer territorialen Autonomie für ethnische Minderheiten in Rumänien und Bulgarien. Aber eine solche Kritik ist nicht delegitimierend – sie bestreitet nicht, dass die USA und Italien, dass

Großbritannien und Rumänien und Bulgarien zu Recht als Staaten existieren. Die Kritik an der Politik der EU (sei es der Kommission, sei es des Rates, sei es des Parlaments) muss ebenso wenig darauf zielen, der Union die Existenzberechtigung abzusprechen. Es ist jedoch die Form der Kritik, die sich am bloßen Dasein der Union reibt; die daher auch den europäischen Integrationsprozess grundsätzlich ablehnt. Es ist diese Form der prinzipiellen Ablehnung der Union, die für den fundamentalistischen Charakter verantwortlich ist, der auch im Euroskeptizismus verborgen ist.

Eine kritische Haltung gegenüber der Union ist nicht gleichzusetzen mit einer Ablehnung der Union. Kritik an der EU-Politik schließt vielmehr die Vorstellung mit ein, dass die Union Politik – eine bessere Politik – machen kann; dass sie Entscheidungen zu treffen vermag; nötigenfalls auch gegen (einige) ihrer Mitglieder. Jede konkrete Kritik an der Union ist damit auch mit der impliziten Vorstellung verbunden, die EU mit mehr Macht auszustatten; eine Ermächtigung, die immer zu Lasten der Mitgliedsstaaten gehen muss.

6.2. Die Verlierer und die Gewinner

Jeder Schritt in Richtung einer Ermächtigung der Union trifft freilich die Mitgliedsstaaten in unterschiedlicher Form. Jeder Kompetenzzuwachs des Europäischen Parlaments bedeutet unvermeidlich, dass die Balance zwischen den beiden vorhandenen Prinzipien politischer Gewichtung – das Zählen von Köpfen (also Bürgerinnen und Bürgern) oder von Staaten – sich zuungunsten der Staaten verschieben muss; denn im Europäischen Parlament sitzen Abgeordnete – und nicht Regierungsvertreter; und die Zahl der Abgeordneten bestimmt sich grundsätzlich nach der Zahl der Wählerinnen und Wähler, behandelt also die Staaten ungleich. Jeder Kompetenzzuwachs der Union schlechthin gibt ihr mehr Möglichkeiten, Politik durch Umverteilung zu betreiben. Und eine verstärkte Umverteilungsfunktion nützt den wirtschaftlich schwächeren Staaten und Regionen – und ist daher nicht im unmittelbaren Interesse der reicheren.

Im Europäischen Parlament ist der größte Staat, Deutschland, mit 99 Abgeordneten vertreten; der kleinste, Malta, mit 5; im Rat ist das Stimmgewicht zwischen Deutschland und Malta 29 zu 3. Im Parlament ist das politische Gewicht des kleinsten zum größten Staat etwa 1 zu 20 – im Rat etwa 1 zu 10. Jede Stärkung des Europäischen Parlaments läuft auf eine Stärkung des Prinzips der Vertretung der Köpfe hinaus, zu Lasten des Prinzips der Vertretung der Staaten. Deshalb ist die mit einer Vertiefung der EU gleichzusetzende Stärkung des bundesstaatlichen Prinzips gleichbedeutend nicht nur mit einem Machtverlust der Staaten allgemein, sondern speziell der kleineren Staaten (siehe Tabelle).

Das relative Stimmgewicht der größeren Staaten ist im Parlament generell deutlich größer als im Rat. Stellt man noch in Rechnung, dass in allen Fragen, in denen der Rat einstimmig zu entscheiden hat – etwa bei Änderungen der Verfassung, d. h. des EU-Vertrages, dann werden die Unterschiede in der Interessenlage noch deutlicher: Bei Einstimmigkeit ist das Gewicht eines kleinen und das eines großen Staates gleich – wie das Irland ja auch bei der Ratifizierung des Vertrages von Nizza, 2002, und des Vertrages von Lissabon, 2009, bewiesen hat: Ein Staat, dessen Einwohnerzahl nicht einmal einem Prozent der gesamten Einwohnerzahl der Union entspricht, kann den gesamten Entscheidungsprozess der EU blockieren. Deshalb ist jede Verschiebung vom Einstimmigkeits- zum Mehrstimmigkeitsprinzip im Rat und jeder Kompetenzzuwachs des Parlaments eine Machtumverteilung zuungunsten nicht nur der Mitgliedsstaaten schlechthin, sondern zuungunsten der kleinere Staaten ganz besonders.

Tabelle:
Sitze im Europäischen Parlament – Stimmen im Rat (seit 2009)

	Sitze im Europäischen Parlament	Stimmen im Rat
Deutschland	99	29
Frankreich	72	29
Großbritannien	72	29
Italien	72	29
Polen	50	27
Spanien	50	27
Rumänien	33	14
Niederlande	25	13
Belgien	22	12
Griechenland	22	12
Portugal	22	12
Tschechien	22	12
Ungarn	22	12
Schweden	18	10
Bulgarien	17	10
Österreich	17	10
Dänemark	13	7
Finnland	13	7
Slowakei	13	7
Irland	12	7
Litauen	12	7
Lettland	8	4
Slowenien	7	4
Estland	6	4
Luxemburg	6	4
Zypern	6	4
Malta	5	3
Summe	736	345

Von dort wäre eigentlich zu erwarten, dass der Widerstand gegen eine Stärkung der EU zu Lasten der Mitgliedsstaaten sich bei den kleinen Staaten stärker bemerkbar macht als bei den großen. Ein solcher Zusammenhang ist aber nur bedingt erkennbar. Die britische Bevölkerung ist regelmäßig unter den besonders „euroskeptischen“, obwohl Großbritannien als „großer“ Staat zu den – relativen – Gewinnern jedes weiteren Europäisierungsschritts, jeder weiteren Verschiebung von den nationalen zu den europäischen Kompetenzen zählt.

Das zeigt, dass die Ursachen des Euroskeptizismus sich nicht einfach rational erklären lassen. In einem großen Staat können die Widerstände gegen die Vertiefung der EU mindestens so intensiv sein wie in einem kleinen. Das mag auch an dem – durchaus rational nachvollziehbaren – Zusammenhang zwischen Europäisierung und Umverteilung liegen. Großbritannien würde bei einer weiteren Verlagerung von Kompetenzen in Richtung Union nicht zu den Nutznießern zählen: Wenn die EU – als Folge einer Kompetenzausweitung – mehr Geld zu verteilen hat, dann sind die Gewinner die armen Staaten; und nicht die „Nettozahler“, zu denen auch Großbritannien gehört.

Bei einer konsequent rationalen Analyse der Vor- und Nachteile einer solchen Europäisierung wären es die ärmeren unter den großen Staaten, die eine solche Entwicklung befürworten – und die reicheren unter den kleinen, die am stärksten sie bekämpfen müssten. Polen müsste am stärksten immun gegenüber dem Euroskeptizismus sein – und Staaten wie Dänemark, Finnland, Schweden, Österreich, Belgien und die Niederlande am anfälligsten.

Ein solcher Zusammenhang kann sehr wohl in den Wahlerfolgen rechtspopulistischer Parteien gesehen werden. Denn diese Erfolge sind besonders auffallend in den kleineren der wohlhabenderen Staaten. Die Kombination einer nationalen Emotion („Wir Dänen dürfen uns von den Großen nicht vorschreiben lassen, wie wir die Zuwanderung in unser Land steuern wollen“) und einer ökonomischen Sichtweise („Warum sollen wir Finnen für die wirtschaftlichen Fehler Griechenlands zahlen?") kann sehr wohl einen Teil der euroskeptischen Tendenzen erklären.

Sieht man das Maß an Euroskeptizismus als Momentaufnahme, dann gibt es wirklich keinen Grund, einer verdichteten Union viel Zukunftschancen zu geben; einer Union, die sich dem Modell der Vereinigten Staaten von Europa nähert. Zu sehr stehen kurzfristige nationale Nutzenüberlegungen im Zentrum; und zu wenig kommen langfristige europäische Vorteile ins Bild. Da der Rat – und damit die nationalen Regierungen – Produkt von nationalen Wahlen ist, ist an dieser Rangordnung – Nationalstaat vor Europa – kaum zu rütteln. Es kann eben nicht erwartet werden, dass die britische Labour Party oder die deutsche CDU/CSU oder die tschechische ODS im Zweifel europäische Interessen vor nationale Interessen stellt.

Ist das Grund genug, angesichts der Strukturen des Euroskeptizismus zu resignieren – unter dem Motto „Retten wir von der Union, was zu retten ist; aber nehmen wir Abschied von der Vorstellung eines europäischen Bundesstaates"? Das wäre freilich zu eindimensional gedacht. Dass Deutschland seine D-Mark am Altar der Europäischen Währungsunion opferte – seine Währung, die im postnationalistischen Deutschland so etwas wie das Rückgrat eines zivilisierten Nationalstolzes war; dass Schweden, Dänemark und Finnland die Besonderheiten des nordischen Wohlfahrtsstaates riskierten, indem sie die Regeln des Binnenmarktes akzeptierten; dass Frankreich und Großbritannien zumindest vom Prinzip her ihre Großmachtrolle der Gemeinsamen Außen- und Sicherheitspolitik der EU unterordneten – wie ist das alles zu erklären, wenn man ausschließlich von dem immer wieder bestätigten Vorrang des nationalen vor dem europäischen Denken ausgeht?

Selbstverständlich spielt auch die nationale Vorgeschichte des EU-Beitritts eine Rolle. Deshalb war die Zustimmung zur EU in den postkommunistischen Staaten zum Beitritt besonders hoch. War doch die EU – neben der NATO – Ausdruck dessen, dass diese Länder eine durch Diktatur und Mangelwirtschaft und durch sowjetische (russische) Dominanz gekennzeichnete Vergangenheit hinter sich gelassen hatten. Wenn sich dann allerdings die Wohlstandseffekte des Beitritts nicht in dem Umfang einstellen wie angenommen, dann kann diese Enttäuschung auch zur Ursache für einen rasch wachsenden Euroskeptizismus werden.

Die nationalen Unterschiede wurden auch bei der Erweiterung 1994 deutlich: Die vier Staaten, deren Regierungen einen Beitrittsvertrag mit der Union bereits unterzeichnet hatten, stimmten sich untereinander bezüglich der Terminplanung des in allen Fällen erforderlichen Referendums ab. Es ging darum, eine negative Spirale zu verhindern – und nach Möglichkeit einen Mitläufereffekt zu erreichen. Deshalb wurde auch, die öffentliche Meinungslage in den vier Staaten reflektierend, die Reihenfolge festgelegt: Österreich sollte beginnen, gefolgt von Finnland, dann Schweden, und zum Schluss Norwegen.

Diese Strategie war tatsächlich realistisch, weil die größte Zustimmung zum Beitritt die Abstimmung in Österreich brachte. Die finnische Mehrheit war ebenfalls signifikant – und die schwedische dann schon relativ knapp. In Norwegen stimmte die Mehrheit dann gegen den Beitrittsvertrag. Ob eine andere Reihenfolge der Termine andere Ergebnisse gebracht hätte, kann nicht wirklich gesagt werden. Die Strategie der vier Beitrittsstaaten war jedoch die Folge der Einsicht, dass der Euroskeptizismus nationale Unterschiede kennt. Bevor 2004, bzw. 2007 insgesamt zehn vormals kommunistischer Staaten beitraten, waren solche Absprachen nicht mehr notwendig. Zu recht gingen die Regierungen der 10 davon aus, dass die jeweilige Mehrheit für den Beitritt gesichert sei: Die Erfahrung mit einem kommunistischen System war – zu diesem Zeitpunkt jedenfalls – die beste Immunisierung gegen Euroskeptizismus.

Die unterschiedliche nationale Streuung der EU-Skepsis bzw. EU-Ablehnung ist auch der entscheidende Grund dafür, dass Überlegungen über ein Europa der „zwei Geschwindigkeiten“ und über ein Europa der „konzentrischen Kreise“ mit einem „Kerneuropa" als Zentrum immer wieder auftauchen. Warum sollten einzelne Staaten, deren Regierungen Gefangene einer besonders euroskeptischen Grundstimmung sind, die EU insgesamt in ihrer Weiterentwicklung in Richtung Bundesstaatlichkeit blockieren? Warum sollten die besonders „eurooptimistischen" Staaten nicht in diese Richtung vorauseilen können?

Dieses Europa der „zwei Geschwindigkeiten" gibt es allerdings schon. Die Europäische Währungsunion ist ein in die Union insgesamt eingebetteter engerer Kreis („Eurozone"), dem alle Mitgliedsstaaten angehören können – unter der Voraussetzung, dass sie bestimmte wirtschaftlichen, und fiskalische Kriterien erfüllen; dem sie aber nicht angehören müssen. Großbritannien, Schweden und Dänemark haben von diesem „opting out" Gebrauch gemacht: Anders als bei den 2004 und 2007 beigetretenen Staaten war die Entscheidung, der Eurozone nicht beizutreten, die Wahrnehmung dieser Option. Es war (und ist) auch eine Entscheidung, die das spezifisch euroskeptische Klima in diesen drei Staaten ausdrückt.

Ein weiterer Fall des Europas der „konzentrischen Kreise" ist der Schengen-Vertrag. An diesem müssen sich die EU-Staaten nicht beteiligen, sie können sich aber – wieder unter der Voraussetzung der Erfüllung bestimmter Kriterien. Das Europa des Schengen-Vertrages ist aber auch durch ein besonderes „opting in" gekennzeichnet: Dem Vertrag können auch Staaten beitreten, die nicht Mitglieder der Union sind. Von dieser Möglichkeit haben Norwegen, Island und die Schweiz Gebrauch gemacht. Großbritannien hingegen (und, wegen der offenen Grenzen zum Vereinigten Königreich, notgedrungen auch Irland) hat das „opting out" genützt – wieder Ausdruck des besonderen britischen Euroskeptizismus.

Alle diese Konzepte eines Kern- und eines Randeuropas können unter zwei Bedingungen umgesetzt werden: Auf bestimmte unverzichtbare Verpflichtungen kann und darf ein EU-Mitglied nicht verzichten. Es gibt kein „opting out", den Binnenmarkt betreffend; und auch von der Wahl in das Europäische Parlament kann sich kein Mitglied absentieren. Und, zweitens, alle Mitglieder müssen ausdrücklich eingeladen sein, dem Kerneuropa – sei es der Währungsunion, sei es dem Schengen-Vertrag – beizutreten. Es gibt keine permanente Zugehörigkeit zu Randeuropa. Prinzipiell können alle EU-Staaten dem Kern der EU angehören – wenn sie den entsprechenden politischen Willen dazu haben und in der Lage sind, die notwendigen Auflagen zu erfüllen.

6.3. Europa als Bildungsfrage

Die gesellschaftliche Entwicklung in Europa folgt – mit oder ohne Zutun der EU – seit langem klaren Linien: Europas Gesellschaft wird immer stärker vom Ausbau und der wachsenden Nutzung der Stätten höherer Bildung geprägt. Europa wird zur Bildungsgesellschaft. Europas Gesellschaft wird ebenso seit langem vom Abbau der geschlechtsspezifischen Rollenunterschiede bestimmt – die sozialen, politischen, wirtschaftlichen Funktionen von Frauen und Männern gleichen sich an. Europas Gesellschaft wird überdies immer älter – die Kombination aus wachsender Lebenserwartung (ein Indikator für Wohlstand) und abnehmender Geburtenhäufigkeit (ein Indikator für die Angleichung der Geschlechterrollen) begründet ein Eigeninteresse Europas an Zuwanderung. Und Europa ist schließlich von gesellschaftlichen Umschichtungen charakterisiert – es gibt immer weniger in der Landwirtschaft Tätige, und es gibt immer weniger Arbeiter. Die Zukunft Europas wird von einer hochgebildeten, immer älteren Gesellschaft mit immer geringer werdenen Geschlechterdifferenzen charakterisiert.

Deshalb ist der Euroskeptizismus der Modernisierungsverlierer auch der Skeptizismus einer ständig schrumpfenden Gruppe. Das bedeutet nicht, dass deren Ängste und Nöte zu vernachlässigen wären. Aber es ruft in Erinnerung, dass Demokratie auch der Kampf um die politische Mitte und um die Mehrheit der Gesellschaft ist – um die kulturelle „Hegemonie“, wie dies Antonio Gramsci genannt hat. Und diese „Hegemonie“ liegt nicht und wird auch in Zukunft nicht bei denen sein, die soziale und wirtschaftliche Vorrechte verteidigen – gegen die „Dritte Welt", die in der Globalökonomie ihre Vorteile nur im Widerspruch zu den protektionistischen Tendenzen Europas zur Geltung bringen kann. Die Modernisierungsverlierer des frühen 21. Jahrhunderts sind nicht nur die Kleinbürger des frühen 20., sie sind auch die Maschinenstürmer des 19. Jahrhunderts – Menschen, deren Abstiegs- und Verlustängste in der Demokratie ein sozialpolitischer Auftrag sind; die aber nicht die „Hegemonie" von heute, geschweige denn die von morgen signalisieren.

Die empirischen Befunde bestätigen, dass jüngere und besser ausgebildete Menschen in Europa tendenziell EU-freundlich sind – eben weil sie die Modernisierungsschübe, von denen andere (Arbeiter, Bauern) verunsichert sind, nicht als Bedrohung, sondern als Chance sehen. Mit den Sorgen der Älteren mag man punktuell Wahlen gewinnen können. Aber in dem Maße, in dem der Anteil der besser Gebildeten sich auch in den höheren Alterskohorten bemerkbar macht, hört das bloße Reagieren auf die EU-Skepsis der Modernisierungsverlierer auf, ein Rezept für erfolgreiche Wahlkampfstrategien zu sein. Karl Marx hat im 19. Jahrhundert die Zukunft auch nicht bei den in ihrer sozialen Not bedauernswerten Landarbeitern und Arbeitern in vor- und frühindustriellen Produktionsformen gesehen, sondern im Wachstumssegment des Industrieproletariats. Ein- und ein halbes Jahrhunderte später besteht das Wachstumssegment der europäischen Gesellschaft aus postindustriell Beschäftigten – technischen Spezialistinnen und Spezialisten im weiteren Sinn, deren Definitionsmerkmal höhere Bildung ist.

Es mag schon sein, dass die Zukunft den Alten gehört. Aber die heute Jungen sind die Alten von morgen. Und diese werden sich von den Alten von heute vor allem durch eine deutlich bessere Bildung unterscheiden. Sie werden daher weniger von den Sorgen der Modernisierungsverlierer bestimmt – und mehr vom Optimismus der Modernisierungsgewinner. Mit anderen Worten: Die

Alten von morgen haben bessere Voraussetzungen als die Alten von heute, aus dem Nebel der Ängste herauszutreten. Sie werden eher zu einer rationalen Analyse ihrer Situation und damit auch zu einer rationalen Betrachtung Europas in der Lage sein, jenseits von Stereotypen und Klischees.

Freilich, wenn man davon ausgeht, dass das nationalstaatliche Paradigma auch in Zukunft für das europäische Bewusstsein die erste Voraussetzung bleiben wird, bedeutet ein höheres Maß an Rationalität, dass sich schwedische und niederländische Frauen und Männer um die Mitte des 21. Jahrhunderts noch deutlicher als jetzt euroskeptisch positionieren könnten. Denn in ihrem Fall läuft ja ein Mehr an Rationalität darauf hinaus, dass sie die fortschreitende Verdichtung Europas als Bedrohung des schwedischen oder niederländischen Gewichts in der Europapolitik sehen – und dass sie davon ausgehen müssen, verstärkt für die vermehrten Umverteilungen durch die Union zur Kasse gebeten zu werden.

Doch das geringere Maß an Euroskeptizismus, das wir bei den besser Gebildeten, bei den Modernisierungsgewinnern ausmachen, kann ja auch mit einer Relativierung des nationalstaatlichen Paradigmas zusammenhängen; damit, dass Schwedinnen und Niederländer immer weniger primär aus der Perspektive ihres jeweiligen Staates Europa betrachten; hingegen aber verstärkt aus dem Blickwinkel von Frauen oder Universitätsabsolventen oder Konservativen, die eben auch – unter anderem – Schwedinnen oder Niederländer sind.

Bildung kann und wird wohl auch in gewissem Umfang zur Relativierung nationaler Identitäten führen – und damit zur verstärkten Wahrnehmung eines Identitätsmix, in dem Europa eine stärkere Bedeutung einnimmt, als das bisher der Fall war. Und das ist die Chance weiterer Fortschritte in der Integration: dass eine europäische Bildungsgesellschaft den mentalen Nationalismus allmählich hinter sich lässt; dass Absolventinnen und Absolventen europäischer Universitäten und anderer Bildungseinrichtungen sich zunehmend als das wahrnehmen, was sie objektiv schon sind:

Menschen, die vielen Loyalitäten verpflichtet sind, weil sie viele Bindungen haben. Eine davon ist die der nationalen Identität. Aber eben nur eine von vielen.

Solange der Euroskeptizismus – von einem allgemeinen Unbehagen bis zu einer grundsätzlichen Ablehnung der Union reichend – ein wesentlicher Faktor des europäischen politischen Bewusstseins ist, ist dieses Unbehagen, ist die Ablehnung ein potentieller Hebel, der geeignet ist, den Einigungsprozess rückgängig zu machen und die Union zu zerstören. Solange das Primärinteresse der Primärakteure Europas der Erfolg bei nationalen Wahlen ist, wird sich an dieser Gefahr nichts Grundlegendes ändern. Es genügt – und die Referenden über die Ratifizierung des Verfassungsvertrages 2005, in Frankreich und den Niederlanden, haben dies deutlich gezeigt – eine punktuelle Aufwallung eines Unmuts, um die Weiterentwicklung der Union zu blockieren. Ergänzt durch die Versuchung, die manche nationale Parteien verspüren, euroskeptischen Grundströmungen in ihrem Land entgegenzukommen, um so Stimmen zu maximieren, ist die Union nach wie vor nicht nur eine Einrichtung besonderer Art, sie ist auch eine äußerst fragile Einrichtung. Das Auf und Ab des Euroskeptizismus signalisiert die Möglichkeiten, der europäischen Integration ein Ende zu bereiten.

Freilich: Diese Zusammenhänge sind nicht zwingend. Parteien sind auch und gerade in der Demokratie nicht gezwungen, sich auf die Wiedergabe, auf das Nachbeten der jeweils herrschenden Mehrheitsbefindlichkeit zu reduzieren. Parteien müssen sich nicht die euroskeptische Agenda zu eigen machen, nur weil in einem Mitgliedsstaat die Zustimmung zur EU von – beispielsweise – 55 auf 45 Prozent gefallen ist. Parteien müssen sich nicht verhalten, als gäbe es keine repräsentative Demokratie – als wären die Staaten Europas durchwegs plebiszitär-populistisch regiert. Parteien, die so reduktionistisch agieren, zerstören damit – genau genommen – ihre eigene Nützlichkeit. Denn zur bloßen Wiederholung der Ergebnisse der gerade aktuellen Umfragen braucht es keine Parteien.

Gerade im Zusammenhang mit dem Beitritt ursprünglich von Euroskeptizismus bestimmten Staaten ist jedoch zu erkennen, dass Parteien mehr sein können als die Verstärker der jeweils herrschenden Meinung. Und sie können dies mit Erfolg sein – sie können durchaus bei Abstimmungen erfolgreich sein, auch und gerade dann, wenn sie den Euroskeptizismus nicht einfach imitieren.

In der Demokratie sind politische Akteure – vor allem Parteien – gut beraten, den Prozess der Bildung öffentlicher Meinung immer als einen offenen zu sehen. Was die Mehrheit heute will oder ablehnt, das mag schon in wenigen Monaten anders sein. Natürlich zählt das Meinungsbild am Wahltag – aber erst am Wahltag. Bis dahin können politische Akteure die öffentliche Meinung beeinflussen. In einer Demokratie geschieht dies in einem pluralistischen Wettbewerb der Akteure untereinander.

Wenn aber öffentliche Meinung eine Momentaufnahme eines Prozesses ist, der ständig läuft und in verschiedene Richtungen hin offen ist, dann macht es Sinn, nicht die erhobene öffentliche Meinung von hier und heute zur alleinigen Richtschnur zu machen – sondern darüber hinaus auch die mögliche, möglicherweise zu bildende Meinung der Zukunft. Wenn der Euroskeptizismus in einem konkreten Fall zu einem konkreten Zeitpunkt die Mehrheit bestimmt, dann ist damit noch nicht gesagt, dass dies auch in einem Jahr so sein muss. Gerade die wegen ihres Bildungshintergrunds eher als Meinungsträger denn als bloße Meinungsübernehmer auftretenden Modernisierungsgewinner sind dann unter Umständen die entscheidenden Vermittler zwischen einer – zunächst nicht mehrheitsfähigen – Position und einer Gesellschaft, deren Meinungsbilder ständig in Fluss sind.

Als die britische Regierung unter dem konservativen Premier Edward Heath 1973 den Vertrag über den Beitritt des Vereinigten Königreiches zu den Europäischen Gemeinschaften unterzeichnete, stimmte die oppositionelle Labour-Party gegen die Ratifizierung des Vertrages im Unterhaus. Ein Jahr später – Großbritannien war EG-Mitglied – hieß der Premier Harold Wilson und Labour war an der Regierung. Die Regierung Wilson aber hatte kein Interesse, den Beitritt rückgängig zu machen. Die Labour Party hatte sich nur aus den für eine Opposition üblichen taktischen Erwägungen gegen den Beitrittsvertrag ausgesprochen. Wilson organisierte nun, um sein Gesicht und das seiner Partei zu retten, ein Referendum. Es war das erste in der Geschichte der Vereinigten Königreiches.

Die Labour-Regierung argumentierte, dass nach einigen Zusätzen im Beitrittsvertrag nun auch Labour für den Beitritt sein könnte. Deshalb empfehle Labour nunmehr ein Ja zur EU-Mitgliedschaft. Die konservative Opposition, die ja mit dem Beitritt ursprünglich identifiziert wurde, konnte sich nicht gegen diese Haltung der Regierung wenden, ohne ihrerseits an Glaubwürdigkeit einzubüßen. Die gemeinsame Position beider Großparteien sorgte für ein deutliches Ja zur britischen EU-Mitgliedschaft – in einem Staat, dessen Skepsis gegenüber der europäischen Einigung ja schon damit begonnen hatte, dass sich Churchill (und viele Briten) nach 1945 zwar ein vereinigtes Europa gewünscht, dass sie aber nicht daran gedacht hatten, Großbritannien könnte ein Teil dieses Europas sein.

Ein teilweise analoges Beispiel liefert die Geschichte des österreichischen EU-Beitritts. Als 1989 die österreichische Regierung – eine Koalitionsregierung der beiden Großparteien, der sozialdemokratischen SPÖ und der konservativen ÖVP – ein Beitrittsansuchen beschloss, war die Mehrheit der Menschen in Österreich euroskeptisch und sprach sich in repräsentativen Umfragen gegen einen Beitritt Österreichs aus. Die beiden Regierungsparteien holten die wichtigsten Interessenvertreter an Bord, die Sozialpartner, und erreichten eine informelle strategische Absprache mit den Medien des Landes. Das Ergebnis: fünf Jahre nach dem Beitrittsansuchen stimmten 66 Prozent der Österreicherinnen und Österreicher für den Beitritt.

Politische Eliten sind in der Lage, die Einstellung zur europäischen Integration zu beeinflussen. Die Voraussetzung dafür ist allerdings, dass die Parteien demoskopische Befunde nicht zum allein entscheidenden Bestimmungsfaktor ihres Verhaltens machen. Dass Parteien in einer Demokratie nicht politische Entscheidungen ohne Rücksicht auf die vorhandenen Meinungsbilder – auf konkrete Umfragedaten – machen, das ist die eine Selbstverständlichkeit. Dass aber Parteien auch in der Lage sind, durch ihre Politik diese Meinungsbilder zu beeinflussen und damit zu verändern, das ist die andere Selbstverständlichkeit.

In Großbritannien und in Österreich haben politische Eliten, die entschlossen waren, die EU-Mitgliedschaft ihres Landes zu betreiben, eine gegebene euroskeptische Grundstimmung nicht einfach resignierend zur Kenntnis genommen. Sie haben – auch unter teilweiser Hintanstellung ihrer unmittelbaren taktischen Interessen – es erfolgreich verstanden, eine im Prinzip immer vage Grundstimmung umzudrehen.

In der europäischen Bildungsgesellschaft von morgen wird es den politischen Eliten vielleicht, wahrscheinlich leichter fallen, öffentliche Meinung als dynamisch und nicht als statisch zu begreifen. Wenn politische Akteure sich einem inhaltlichen Diskurs stellen, der aus dem Bereich der politischen Gefühle in den Bereich des politischen Denkens führt, werden sie einen grundsätzlich wachsenden Adressatenkreis für eine solche Form diskursiven Politikverständnisses finden.

Das Konzept eines sich weiterhin vertiefenden Europa braucht den Bereich des Denkens, des Rationalen ganz gewiss nicht zu scheuen. Das Europa der Union wird wohl – den euroskeptischen Befunden von heute zum Trotz – Nutznießer der Bildungsgesellschaft der Zukunft sein.

7. Was der Union wirklich fehlt

Das kann doch nicht gut gehen, meint der Pessimist. *Wir können uns noch so intensiv ein europäisches Nationalgefühl herbeiwünschen. Portugiesinnen und Portugiesen werden sich immer zuallererst Portugal, Polinnen und Polen zuallererst Polen verbunden fühlen. Ja, so nebenbei, so sekundär, mögen sie – mögen wir – uns auch Europa verpflichtet fühlen. Aber seien wir doch realistisch. Es gibt kein europäisches Volk – dieses wird ein Konstrukt überschäumender Realitätsverweigerung bleiben, ein Wunschbild vielleicht sympathischer, aber letztlich realitätsfremder Idealisten.*

Das stimmt natürlich, dass wir derzeit nicht von einem Europabewusstsein ausgehen können, das zumindest gleich stark wie das Nationalbewusstsein ist, antwortet die Optimistin. *Und wir können auch nicht sagen, ob es je eine ausreichend starke Identifizierung mit Europa geben wird, die uns erlaubt, von einem europäischen Nationalgefühl zu sprechen. Aber warum sollen wir diese Möglichkeit nur deshalb ausschließen, weil sie derzeit noch nicht Wirklichkeit ist? Auch das indische oder das US-amerikanische Nationalgefühl ist erst nach vielen Schwierigkeiten und Wirren entstanden. Lassen wir doch die Türen offen – verschließen wir uns nicht der Möglichkeit, dass in ein, zwei, drei Generationen Menschen in Europa sich ähnlich intensiv mit Europa identifizieren wie mit Ungarn oder den Niederlanden.*

7.1. Eine Demokratie auf der Suche nach ihrem „Demos"

Jede Demokratie baut auf einer Fiktion – auf einer Annahme, die nicht durch die Realität gedeckt ist. Das „Volk", das im Gefolge der revolutionären Überwindung des Absolutismus an Stelle des Monarchen zum Souverän erklärt wurde, war ein Konstrukt. Und ein Konstrukt ist es bis heute geblieben. Das italienische und das deutsche Volk – die „italienische Nation" und die „deutsche Nation", Grundlage der Einigungsprozesse des 19. Jahrhunderts – bestanden aus Sizilianern und Lombarden, aus Sachsen und Hamburgern, die sich mehr oder weniger spontan vor oder erst nach der Einigung Italiens, bzw. Deutschlands bereit erklärten, nicht nur Sizilianer und Lombarden, nicht nur Sachsen und Hamburger, sondern auch Italiener oder Deutsche zu sein.

Das den Schöpfern der italienischen Einigung zugeschriebene Bonmot, nach der Schaffung Italiens gelte es nun, Italiener zu schaffen, beschreibt das Konstruktive dieses Vorgangs der Gründungen moderner Nationalstaaten inmitten Europas: Die Voraussetzung dieser Entwicklungen war die Annahme, dass es eine „italienische Nation", dass es eine „deutsche Nation" gebe. Dieses Apriori war freilich alles andere als eine empirisch messbare Selbstverständlichkeit: Der deutschen Einigung waren mehrere Kriege vorangegangen, in denen auch Staaten, die sich 1871 zum Deutschen Kaiserreich zusammenschließen sollten, gegeneinander kämpften; und die ablehnende oder zumindest skeptische Haltung der „Lega Nord" gegenüber der Vorstellung einer „italienischen Nation" zeigt, wie das Konstrukt eines italienischen Nationalstaates auch noch eineinhalb Jahrhunderte später Widerspruch provoziert.

Das heißt nicht, dass die Identifikation von Florentinern und Neapolitanern mit dem Italien des 1861 gegründeten Königreiches von heute auf morgen, mit politischer Willkür und durch ein Diktat von oben hergestellt worden wäre; dass Westfalen und Bayern (und deutschsprechende Österreicher) sich nicht auch schon vor 1871 als Deutsche gefühlt hätten. Der Gründung des italienischen und des deutschen Nationalstaates war eine lange historische Entwicklung vorangegangen, die unter den Bildungseliten Italiens und Deutschlands allmählich eine gesamtitalienische bzw. gesamtdeutsche Identität entstehen ließ. Doch die Annahmen, dass es „immer schon" eine italienische Nation oder eine deutsche Nation gegeben hätte – wie etwa der Rückgriff Benito Mussolinis auf die Symbolik des „Imperium Romanum" oder die romantisierende Identifizierung „der Deutschen" mit den germanischen Völkern zwei Jahrtausende vor der Gründung des Deutschen Reiches glauben machen wollten: Diese Annahmen waren nicht nur intellektueller Unsinn, bar jeder historisch-wissenschaftlichen Glaubwürdigkeit; diese Konstrukte eigneten sich auch trefflich als Mobilisierungstechniken autoritärer oder totalitärer Regime.

Das Volk – so ist in Paraphrase eines Satzes von Joseph Schumpeter festzustellen – das Volk existiert nicht; aber es kann und es wird immer wieder neu konstruiert. Die Voraussetzung für eine erfolgreiche Konstruktion ist, dass die in „das Volk" Eingeschlossenen bereit sind, dieser Konstruktion zu folgen; ihr Glauben zu schenken.

Wie wenig die Ursprünge des Konzeptes von Demokratie mit der Fiktion der Existenz eines „Volkes" zu tun haben, zeigt sich ja auch in der Struktur der attischen Polis im 5. vorchristlichen Jahrhundert: „Demos" im Athen des Perikles war die Summe der berechtigten Bürger Athens. Zu diesen Bürgern gehörten nicht: alle Frauen; alle Sklaven; alle Halbfreien (Metöken); und selbstverständlich nicht die Griechen Spartas oder Korinths. Am Beginn der begrifflichen Entwicklung von Demokratie stand nicht eine – angenommene, fingierte – kulturelle („völkische") Gemeinschaft. Am Beginn der attischen Demokratie stand das Interesse einer Minderheit, sich als „Demos" zu definieren – um sich so abzugrenzen von den Erfahrungen mit Königen und Tyrannen; aber auch von der Mehrheit der Menschen Athens. Am Beginn der Demokratie stand eine willkürliche Konstruktion eines Souveräns, „Demos“ genannt.

Mit dem völkischen Denken der Neuzeit hat dies aber auch gar nichts zu tun. Zum „Demos“, also zum Volk gehörte man, wenn man von ihm nicht ausgeschlossen war – wegen des Geschlechts oder des sozialen Status. Die Demokratie war von Anfang an als Herrschaft einer „Demos“ genannten Minderheit über eine Mehrheit geplant. Deshalb war auch die attische Demokratie, wie sie Aristoteles beschreibt, eine Herrschaft der Vielen (Polykratie) – die freilich immer in Gefahr war, zur Pöbelherrschaft (Ochlokratie) umzuschlagen; dann nämlich, wenn die Minderheit die Kontrolle über die Mehrheit verlor.

Das Volk in seiner konstruierten Existenz baut auf Ausschließung wie auch auf Einschließung. Daran hat sich seit der Antike eigentlich nichts geändert. Die Gründungsväter der USA gingen mit einer nicht weiter hinterfragten Selbstverständlichkeit davon aus, dass das „We, the People of the United States“ sich auf Einwanderer aus Europa (und deren Nachfahren) bezog. Amerikas „Ureinwohner“ gehörten ebenso wenig zum Volk wie die zwangsweise nach Amerika gebrachten afrikanischen Sklaven. „Weiße“ Frauen waren zwar Teil des Volkes, aber von den entscheidenden politischen Rechten ausgeschlossen, die der Souverän – eben „das Volk“ – für sich beanspruchte.

Das ist im Europa des 21. Jahrhunderts anders – und doch nicht so ganz anders. Zu den als selbstverständlich akzeptierten Annahmen der Europäischen Union gehört, dass innerhalb der EU niemand auf Grund seiner (ihrer) Herkunft oder seines (ihres) Geschlechts diskriminiert werden darf. Und doch gibt es auch 2011 umstrittene Grenzfälle der Ein- und Ausgrenzung: Wie lange darf den russisch Sprechenden in Estland und Lettland noch ihre Herkunft aus (anderen) Teilen der UdSSR vorgehalten werden, um daraus die Hürden beim Erwerb der Staatsbürgerschaft und damit der Zugehörigkeit zum „Volk“ zu begründen? Und dass ein in Frankreich geborener Algerier durch das mit dieser Geburt verbundene Recht („ius soli") als Teil des französischen Volkes gilt – während ein in Deutschland geborener Algerier dieses Recht nicht hat, weil in Deutschland primär eben die Herkunft („ius sanguinis") über die Zugehörigkeit zum „Volk" entscheidet –, wie ist das zu begründen?

Das alles zeigt den widersprüchlichen Umgang mit einer komplexen Realität auf: Volk ist nicht Volk ist nicht Volk; und Volk wird – auch innerhalb der Union – das eine Mal so, das andere Mal wieder anders definiert. Herkunft wird in Frankreich anders gewertet als in Deutschland. Die Kontrolle des Zuganges zur Staatsbürgerschaft und damit zum „Volk" wird von den Mitgliedsstaaten der Union eifersüchtig verteidigt. Die Folge ist die Paradoxie, dass eine in Straßburg gebärende Mutter türkischer Staatsbürgerschaft ihrem Kind die französische Staatsbürgerschaft sichert – und damit auch alle Rechte, die allen EU-Bürgerinnen und Bürgern auch in Deutschland zustehen. Hätte dieselbe Mutter ihr Kind in Kehl zur Welt gebracht, am deutschen Ufer des Rheins, dann wäre dieses Kind ohne die Rechte eines Bürgers, einer Bürgerin der Union geblieben.

Diese Unterschiede innerhalb der EU in der Definition dessen, wer zum Volk gehört und wer nicht, spiegelt ein nationalstaatliches Ressentiment: Das dänische oder das bulgarische Volk beharren auf ihrem Recht, über die Zugehörigkeit zum Volk selbst und allein zu entscheiden. Das mag und kann beklagt werden – als eine nostalgische Sentimentalität, die im Europa des Binnenmarktes und seiner Freiheiten sinnlos geworden ist, weil die Zugangskontrollen der Nationalstaaten durch die von allen Bürgerinnen und Bürgern nutzbaren Freiheiten obsolet geworden sind. Das Ressentiment muss aber als mentale Realität zur Kenntnis genommen werden: Der vorherrschende Begriff von Volk im Europa der Union ist nach wie vor einer, der im Wesentlichen dem 19. Jahrhundert entstammt – und im 20. Jahrhundert mit Expansionskriegen, mit Genoziden und ethnischen Säuberungen die real möglichen

Konsequenzen eines solchen – völkischen – Begriffes von „Demos" vorgelebt hat.

Es war den Bewohnern der Land- und Stadtkantone im Herzen der Alpen nicht zwingend vorherbestimmt, trotz ihrer religiösen und sprachlichen Gegensätze zu einem Bundesstaat mit einem Schweizer Nationalgefühl zusammenzuwachsen. Es war auch nicht von zwingender Notwendigkeit, dass aus den Staaten der USA – insbesondere und gerade nach einem vierjährigen Bürgerkrieg – eine Föderation mit einem US-amerikanischen Nationalgefühl entstehen würde. Und auch Indien, nach Winston Churchill eigentlich nur ein „geographischer Begriff", war 1947 nicht zwingend auf einen Bundesstaat mit einem Sprachen und Religionen und Kasten überbrückenden nationalen Bewusstsein hin ausgerichtet. Aber – was nicht notwendig war, war andererseits auch nicht unmöglich. Ebenso ist die Entstehung eines europäischen „Demos" nicht Ausdruck historischer Notwendigkeit – aber sie kann nicht ausgeschlossen werden. Ein europäischer „Demos" ist möglich.

Die Vereinigung Europas ist auch die Aufhebung von Ausschließungen: Grenzkontrollen fallen im Schengen-Raum; in der Währungsunion findet sich die Mehrzahl der Menschen in Europa; Bürgerinnen und Bürger aller EU-Staaten haben freien Zugang zum Arbeitsmarkt in der gesamten Union; ein spanischer Handwerker kann in den Niederlanden seine Dienste unter denselben Bedingungen anbieten wie ein Niederländer, eine slowakische Krankenschwester ist in Österreich wie eine österreichische zu behandeln. Die Union schließt ein, indem sie nationalstaatliche Ausschließungen aufhebt.

Das alles ist nicht ohne Hindernisse und Rückschläge entstanden. Und vieles ist noch Stückwerk – die Währungsunion etwa, in der nicht nur eine Reihe von EU-Staaten nicht die Mitgliedschaft besitzen, aus freien Stücken oder mangels der Erfüllung des Kriterienkatalogs; in der auch ein wirksames politisches Korrektiv fehlt, das eine gemeinsame Währung eigentlich erforderte: eine Art Finanzministerium der EU, dessen Kompetenzen über die derzeit der Kommission und dem Euro-Rat zu Verfügung stehenden Eingriffsmöglichkeiten hinausgehen. Stückwerk ist, dass auch der Vertrag von Lissabon – die De-facto-Verfassung der Union – das Recht der Änderung dieser Verfassung nicht einer qualifizierten Mehrheit überlässt, sondern einem Einstimmigkeit erfordernden Vertragsprozess, in dem ein einziger nationaler Egoismus einen europäischen Qualitätssprung blockieren kann.

Doch die Entwicklungslinien sind klar: Seit 1951 werden reale und virtuelle Grenzen innerhalb Europas aufgehoben; werden his-torisch gewachsene Ausschließungen rückgängig gemacht; können sich Polinnen und Polen in Deutschland ebenso zu Hause fühlen wie Sloweninnen und Slowenen in Italien. Sie können sich zu Hause fühlen – das heißt, es gibt einen politisch-rechtlichen Rahmen, der einschließt. Sie müssen sich nicht zu Hause fühlen – für die meisten Menschen innerhalb der Union sind die EU-Mitgliedsstaaten jenseits der Grenzen des eigenen Staates nach wie vor „Ausland". Die real geschaffenen, politisch-rechtlichen Einschließungen sind der mentalen, der emotionalen Integration vorausgeeilt. Die meisten Menschen in Europa bleiben zuallererst ihrer Nation, ihrem Nationalstaat verpflichtet – und erst sekundär dem Europa der Union.

Solange diese kognitive Dissonanz weiter besteht; solange das Konstrukt einer europäischen Identität, eines europäischen Volkes, ja einer europäischen Nation nicht in der Mentalität der Europäerinnen und Europäer Auswirkungen zeigt, solange geht der Union ein europäischer „Demos" ab; solange bleibt das vereinigte Europa eine dem Bewusstsein in Europa vorauseilende bloße Möglichkeit; solange gibt es auch ein europäisches Demokratiedefizit – nicht, weil die Institutionen der EU zu wenig demokratische Legitimität hätten; sondern weil die Völker Europas sich nicht oder nur unzureichend als europäisches Volk begreifen.

Das mag sich ändern – wie das nationale Zusammenwachsen der Kantone der Schweiz und der Staaten der USA zeigt; wie auch die Realität eines indischen nationalen Bewusstseins demonstriert, das allen sprachlichen, kulturellen, religiösen und sozialen Differenzen zum Trotz am indischen Subkontinent die größte Demokratie der Welt stabilisieren half. Das alles ist auch in Europa möglich – ein europäischer „Demos", auf der Grundlage einer sich ständig vertiefenden Union; eine europäische Identität, die weiterhin bestehende, unterschiedliche Loyalitäten des Griechisch-Seins und des Katholisch-Seins und des Frau-Seins und des Jung-Seins nicht aufzuheben, sehr wohl aber zu überbrücken vermag.

Europas mögliche Nationswerdung ist auch als demonstrative Abkehr von jeder nationalen Homogenitätsphantasie zu verstehen. Die Illusion der Nationalstaaten des 19. Jahrhunderts, ein in sich geschlossenes Volk zu repräsentieren – eine Vorstellung, die sich von Anfang an mit dem Konzept des Klassenkampfes oder der Realität der Geschlechterdifferenz ebenso rieb wie mit den ethnischnationalen wie auch religiösen Facetten eines real existierenden Multikulturalismus in Deutschland und in Großbritannien, in Finnland und in den Niederlanden, in Bulgarien und in Ungarn: Auf eine solche Illusion kann, ja muss ein vereinigtes Europa von vornherein verzichten. Es ist die multikulturelle Vielfalt Europas, die zur Grundlage eines europäischen „Demos" werden kann – freilich nicht werden muss.

Die Homogenitätsphantasien der europäischen Nationalstaaten haben in ihrer Blindheit gegenüber den vorhandenen Differenzen Schreckliches angerichtet. Die aus der kroatischen Krajna vertriebenen Serben, die ethnischen, genozidalen Säuberungen in Bosnien-Herzegowina und die bis zur militärischen Intervention der NATO 1999 gegen die Albaner, seither aber gegen die Serben gerichteten Vorstellungen ethnischer Dominanz als Voraussetzung politischer Hegemonie im Kosovo machen deutlich, dass auch am Beginn des 21. Jahrhunderts der Weg von der Phantasiewelt nationaler Homogenität in die Realität nationaler Bestialität ein möglicher ist.

Die im Integrationsprozess an sich angelegte und freilich nur zögerlich genutzte Entwicklung zu einem europäischen „Demos" ändert allerdings nichts daran, dass auch ein solches europäisches Volk weiterhin auf Ein- und auf Ausschließung aufbaut. Denn alle, die nicht zu diesem Europa zählen – die Bürgerinnen und Bürger der europäischen Nachbarschaft etwa – sind weder real noch gedanklich in diesen „Demos" eingeschlossen. Die Europäische Union ist nicht die Aufhebung der Regeln einer immer ein- und deshalb auch ausschließenden Identitätsstiftung. Sie ist aber das einzige, real existierende und bereits erprobte gesamteuropäische Beispiel einer Hebung dieser Regeln auf eine höhere Ebene.

7.2. Eine Demokratie auf der Suche nach Öffentlichkeit

„Das Volk", das – nach Schumpeter – nie selbst herrscht, obwohl „es" gerne an seine, des Volkes Herrschaft glaubt, ist die zunächst ungeformte Gesellschaft. Diese wird dadurch politisch, dass sich eine Öffentlichkeit bildet; ein Raum, in dem die gegebenen gesellschaftlichen Verhältnisse thematisiert und politische Antworten diskutiert werden. Ohne Öffentlichkeit keine Demokratie.

Es war daher eines der wesentlichen Kennzeichen der totalitären Systeme des 20. Jahrhunderts, dass sie Öffentlichkeit zu unterbinden versuchten: Über die „Nürnberger Gesetze" oder über Hitlers Kriegspolitik durften im Deutschen Reich keine Debatten stattfinden, und die konkrete Durchführung des Holocaust wurde vom Regime bewusst in einer Grauzone gelassen, die es ermöglichen sollte, dass ein Gutteil der Deutschen sich der Illusion hingeben konnten, der real ablaufende Massenmord wäre „nur" eine Umsiedlung genannte ethnische Säuberung. Die weitgehende physische Vernichtung der „Kulaken" in den 1930er Jahren in der Sowjetunion durfte ebenso wenig öffentlich thematisiert werden wie das Rätsel, warum fast alle prominenten Mitstreiter Lenins in den Schauprozessen als mörderische faschistische Agenten entlarvt werden konnten.

Die Voraussetzung für die Verweigerung von Öffentlichkeit war in allen diesen Fällen das Medienmonopol der Einheitspartei, bzw. des von dieser total beherrschten Staates. Nur in Nischenbereichen – etwa in den Predigten des Bischofs von Münster gegen den Mord an Menschen mit Behinderung – wurde eine Art Öffentlichkeit hergestellt, auf die das Regime sofort mit der Verfolgung aller reagierte, die versuchten, durch die Verbreitung dieser Predigten eine weitere Öffentlichkeit herzustellen.

Alle diese Probleme hat das Europa der Union nicht. Die Medienfreiheit ist ein grundsätzlich unbestrittenes Prinzip der EU, und als die ungarische Regierung – unter Nutzung ihrer Zweitdrittelmehrheit – ein aus der Sicht dieser Freiheit problematisches Gesetz durch das ungarische Parlament schleuste, führte die Kritik der EU-Kommission 2011 zu einer rasch durchgeführten Novellierung, die zumindest teilweise die problematischen Bestimmungen des Mediengesetzes zurücknahm.

Doch die Öffentlichkeit, die – in Form der Medienfreiheit – von der EU-Kommission in Ungarn verteidigt wurde, war eine ungarische Öffentlichkeit. Und die begründeten Bedenken gegenüber einer Konzentration von Medien in den Händen eines Politikers – Silvio Berlusconis – betreffen die Sorge um eine italienische Öffentlichkeit. Öffentlichkeit im Europa der EU ist nach wie vor eine primär nationale Sache.

Dies drückt sich auch in der Medienstruktur innerhalb der EU aus. Die Radio- und TV-Programme haben fast durchwegs nationale Signaturen, und die Printmedien schreiben weitgehend nur für einen nationalen Leserkreis. Die Versuche, europäische Medien in transnationaler Form auf den Weg zu bringen – wie etwa der TV-Nachrichtensender „Euronews" – haben zu ehrenwerten, aber quantitativ vergleichsweise zu vernachlässigenden Resultaten geführt. Dass die wohl am meisten europaweit gelesene grenzüberschreitende Zeitung die „International Herald Tribune" ist, die internationale Ausgabe der „New York Times“, manifestiert eines: Es gibt zwar eine globalisierte Öffentlichkeit kultureller und intellektueller, politischer und wirtschaftlicher Eliten; es fehlt aber an einer spezifisch europäischen Öffentlichkeit.

Das liegt natürlich auch an den Sprachbarrieren. Auch in der Schweiz gibt es einen regional, das heißt sprachlich fragmentierten Medienmarkt. Aber in der Schweiz berichten Zeitungen, Radio und Fernsehen – unabhängig davon, ob in deutscher, französischer oder italienischer Sprache – ausführlich über das alle einigende Thema: Schweizer Politik. Was macht der Bundesrat, und wie steht es mit dem bevorstehenden Referendum? Was bleibt von der Schweizer Neutralität? Wie kann die Beziehung der Schweiz zur EU besser gestaltet werden – im Schweizer Interesse?

Es gibt in Europa keine relevanten Medien, die mit ähnlicher Intensität über die Debatten im Europäischen Parlament, über jüngste Vorstöße der Europäischen Kommission, über die Tagesordnung des EU-Rates berichten: außer, es geht um ein spezifisches nationales Anliegen. Wenn es um die Vereinbarkeit dänischer Grenzkontrollen mit dem Schengen-Vertrag geht, dann berichten die dänischen Medien intensiv über die Vorgänge in Brüssel oder Straßburg. Wenn es um die Frage der Vereinbarkeit bestimmter Straßenmauten mit dem Grundsatz der Transportfreiheit im Binnenmarkt der EU geht, dann versuchen die österreichischen Medien, sich über die Vorgänge innerhalb der EU kundig zu machen. Aber wer kümmert sich um die transnationalen Interessen der Union selbst?

Es liegt auch, aber nicht nur an den Sprachbarrieren, warum die demokratische Öffentlichkeit Europas nach wie vor weitgehend in nationalen Gettos eingesperrt ist. In Indien sorgen vor allem die englischsprachigen Medien dafür, dass das Interesse an indischer Politik nicht in den regionalen Interessen untergeht – beschränkt auf die Politik Bihars oder die Keralas. In Indien gibt es eine große Zahl von Medien, die – dank auch und vor allem der englischen Sprache – Millionen von Menschen in allen Teilen des indischen

Bundesstaates erreichen. In Indien gibt es eine gesamtindische Öffentlichkeit – trotz der Sprachbarrieren.

Zur demokratischen Öffentlichkeit zählt auch die Transparenz der politischen Entscheidungsvorgänge. Diese ist innerhalb der EU grundsätzlich gegeben – im Sinne der in den nationalen Demokratien entwickelten Standards. Aber diese Transparenz ist nur eingeschränkt gewährleistet. Das Europäische Parlament in der Eigendynamik jedes direkt gewählten Parlaments ist öffentlich und sorgt für Öffentlichkeit – durchaus in dem Sinne, in dem der polnische Sejm oder der deutsche Bundestag politische Öffentlichkeit herstellen. Dass die Entscheidungsfindung innerhalb der Europäischen Kommission nicht diese – parlamentarische – Öffentlichkeit hat, deckt sich ebenso mit der nur indirekten, nicht aber direkten Öffentlichkeit der Entscheidungen des französischen Ministerrates oder des britischen Kabinetts. Doch dass die dritte der zentralen EU-Institutionen – der Rat – sich einer direkten Öffentlichkeit verschließt, ist ein systematischer Widerspruch zu den Standards der Öffentlichkeit, wie sie sich im europäischen Parlamentarismus im Laufe der Jahrhunderte entwickelt haben.

Denn der Rat der EU ist ein europäisches Legislativorgan. Der Rat ist neben dem Parlament die Institution, die über die Initiativen der Kommission zu entscheiden hat. Der Rat hat die Funktion einer Parlamentskammer wie in einem Zweikammern-System. Der Rat ist – potentiell – der Senat der EU, das Parlament das EU-Repräsentantenhaus.

Doch im Rat agieren die Vertreter der nationalen Regierungen. Und die sehen im Rat einen Ministerrat, ein Kabinett – und nicht eine öffentlich debattierende und entscheidende Parlamentskammer. Die nationalen Regierungen haben kein Interesse daran, dass die regelmäßig zur Entscheidungsfindung zusammenkommenden Landwirtschafts- oder Finanzminister ihre Entscheidungen öffentlich treffen und öffentlich begründen müssen. Die nationalen Regierungen wollen sich in ihrer Europapolitik, wie sie in Sitzungen der diversen, von Fachministerinnen und –ministern beschickten Räten abläuft, nicht von einer Öffentlichkeit beeinflussen lassen.

Das hat natürlich seinen Sinn: Kompromisse, wie sie zur Routine des Rates gehören, sind öffentlich nicht leicht zu vermitteln und sind vor allem in der Öffentlichkeit viel schwerer zu finden. Das spielt aber auch eine Rolle in der Funktion, die der Union aus der Sicht nationaler Politik inoffiziell zukommt: die EU als Sündenbock; die EU als nicht durchschaubarer bürokratischer Riese, der die nationalen Interessen erdrückt. Damit die EU nicht mehr Transparenz erhält, damit die Entscheidungen innerhalb der Union nicht besser nachvollziehbar werden, damit so die EU als rätselhafter Leviathan für alles Üble verantwortlich gemacht werden kann, braucht der Rat seine Intimität.

Nur so können aus Brüssel zurückkehrende Regierungsmitglieder ihrer – nationalen – Öffentlichkeit berichten, was sie Großartiges erreicht und was sie Schlimmes verhindert hätten; immer im Interesse der eigenen, nationalen Anliegen. Nur so aber kann die EU ihre Aufgabe als Sündenbock erfüllen.

Was kann, was soll sich daran ändern? Wie kann, wie soll das Interesse nationaler Regierungen, einer nationalen, nicht aber einer transnational-europäischen Öffentlichkeit zu entsprechen, zu einem Interesse erweitert werden, es einer europäischen Öffentlichkeit recht zu machen?

Der Hebel ist nicht bei den Regierungen zu suchen. Ein britischer Premier oder ein französischer Präsident, ein slowenischer oder ein italienischer Ministerpräsident, eine deutsche Bundeskanzlerin – sie werden dann auch eine europäische Öffentlichkeit berücksichtigen, wenn diese existiert; wenn diese europäische, transnationale Interessen artikuliert; wenn es sich in Tschechien oder in Portugal für Regierungs- und Oppositionsführer auszahlt, sich als europäische Avantgarde zu profilieren; wenn die Rechnung nicht mehr aufgeht, mit Anti-EU-Populismus Stimmen maximieren zu wollen. Mit anderen Worten: eine europäische Öffentlichkeit muss sich den nationalen Akteuren aufzwingen, damit diese zu europäischen Akteuren werden.

Ein solcher Prozess der Europäisierung der Öffentlichkeit findet nicht statt. Aber es ist nicht auszuschließen, dass er einmal stattfinden wird. Der Ansatzpunkt dafür ist die steigende Informiertheit der europäischen Gesellschaft: Dass Politik auf nationaler Ebene durch eine globalisierte Wirtschaft immer mehr an Spielraum und Gestaltungskraft einbüßt; dass die Bildung einer politischen Gegenmacht zur vorhandenen wirtschaftlichen Macht nicht aus der Slowakei oder aus Portugal, nicht aus Spanien und – ja nicht einmal – aus Deutschland zu erwarten ist; dass die Ermächtigung der Politik und damit die Wiederherstellung einer Balance zwischen Politik und Ökonomie nur durch eine Überschreitung der nationalen Grenzen der Politik wieder herzustellen ist: Eine solche Einsicht ist empirisch begründbar, ist anhand der Erfahrungen real vermittelbar.

Das Wissen um die Entwicklungslinien von Wirtschaft und Gesellschaft ist die Grundlage für ein mögliches Entstehen einer europäischen Öffentlichkeit – einer Öffentlichkeit, die politische Ereignisse in anderen EU-Staaten nicht mehr als Außen-, sondern als Innenpolitik wahrnimmt; einer Öffentlichkeit, die sich der postnationalen Wirklichkeit nicht verschließt, die dieser vielmehr entspricht.

Kann, darf auf eine solche Entwicklung gehofft werden? Wenn die Bildung, die eine konstant wachsende Minderheit unter den Europäerinnen und Europäern an den Universitäten erhält, der gesellschaftlichen Wirklichkeit verpflichtet ist – in den Natur- wie den Geistes- und den Sozialwissenschaften, dann ist die Bildung das „missing link", das zwischen (verständlicherweise und notgedrungen) primär national orientierten Politikerinnen und Politikern, die im EU-Rat über Europas Schicksal befinden, und einer (derzeit noch) bloß herbeiwünschten europäischen Öffentlichkeit zu vermitteln in der Lage ist. Bildung, höhere Bildung, als Vermittlung von Einsichten in das, was ist, ist der bestmögliche Verbündete bei der Herstellung einer europäischen Öffentlichkeit.

Alle Untersuchungen des Bewusstseins in den europäischen Gesellschaften bestätigen immer wieder, dass eine grundsätzlich dem europäischen Integrationsprozess zustimmend gegenüberstehende Einstellung mit höherer Bildung positiv korreliert: Je mehr Wissen Europäerinnen und Europäer akkumulieren, desto wahrscheinlicher ist es, dass sie das Europa der Union nicht als Bedrohung, sondern als Chance wahrnehmen. Die europäischen Bildungsbürgerinnen und –bürger, vor allem die von morgen, sind die logischen Verbündeten der europäischen Einigungsdynamik; und sie sind auch der Kern einer potentiellen europäischen Öffentlichkeit.

Das ändert freilich nichts am aktuellen Dilemma der Union. Die EU hat eine demokratische Struktur: ein direkt gewähltes Parlament, ein auf nationaler Ebene demokratisch legitimierter Rat, eine dem Parlament verantwortliche Kommission. Was diesem Konstrukt transnationaler Demokratie fehlt, das ist die Mentalität einer ausreichend großen Zahl von Bürgerinnen und Bürgern – von Skandinavien bis Sizilien, von Zypern bis Irland, die sich für europäische Politik, die sich für die EU in annährend demselben Ausmaß interessieren wie sie sich mit nationaler Politik zu beschäftigen bereit sind.

Es geht nicht darum, den Ist-Zustand Europas an einer gedachten Gesellschaft zu messen, in der alle Menschen mit hoher Intensität und zu jeder Zeit sich mit Politik beschäftigen. Das ist ja auch nicht die Situation in den demokratischen Nationalstaaten Europas heute. Die Demokratie verträgt ohne Probleme, dass sich die Mehrzahl der Bürgerinnen und Bürger sich nur gelegentlich mit Politik befasst. Die Vorstellung einer in ihrer Gesamtheit hoch politisierten Gesellschaft war und ist jakobinisches Wunschdenken.

Die europäische Demokratie braucht nicht den „neuen Menschen“, den zu schaffen der Marxismus-Leninismus vergeblich versucht hat. Die europäische Demokratie braucht den realen Menschen – freilich einen, der sich zunehmend mit dem realen Europa beschäftigt; mit der Union und deren Stärken und Schwächen. Wenn sich Menschen in Litauen und in Dänemark und anderswo in der EU sich in dem Ausmaß mit „Brüssel" zu beschäftigen beginnen, mit dem sie sich mit „Vilnius" oder „Kopenhagen" (oder „Athen" oder „Berlin") beschäftigen – dann ist die kritische Masse hergestellt, aus der eine europäische Öffentlichkeit bestehen wird.

Das alles ist – wie immer in der Entwicklungslogik der Europäischen Union – eine Möglichkeit. Aber eben eine Zukunft, die nicht ausgeschlossen werden kann.

7.3. Eine Demokratie auf der Suche nach Parteien

Das Bild ist bekannt: Die französische Sozialistische Partei PS stimmt sich mit der britischen Labour Party nicht ab, weil Labour-Premierminister wie Tony Blair – aus durchaus nachvollziehbaren Gründen – den Kontakt mit einem konservativen Präsidenten wie Jacques Chirac sucht. Schwedische Konservative haben in Fragen europäischer Politik mit schwedischen Sozialdemokraten nur zu oft mehr gemeinsam als mit ungarischen Konservativen. In der Frage einer EU-Mitgliedschaft der Türkei ist eine österreichische und eine niederländische Position deutlich – nicht aber eine sozialdemokratische oder liberale oder konservative.

Nationale Gemeinsamkeiten überlagern zumeist die vorhandenen Gemeinsamkeiten innerhalb der transnationalen Parteifamilien. Nationale politische Strategien und Überlegungen stehen europäischen im Wege. Noch immer sehen österreichische oder finnische Medien die Europaparlamentarier ihres Landes als Vertreter Österreichs oder Finnlands – und nicht als europäische Konservative oder europäische Sozialdemokraten. Noch immer verstellt zumeist das nationale Kalkül das europäische.

Allerdings gibt es auch ein anderes Bild: Als 2004 die italienische Regierung Rocco Buttiliglione als Mitglied der für 2005 bis 2010 zu bestellenden, neuen Kommission nominierte, versagte das Europäische Parlament seine Zustimmung. Die Mehrheit des Parlaments erklärte, sie werde die neue Kommission insgesamt ablehnen, wenn Buttiliglione dieser angehören würde. Der Grund war, dass Buttiliglione mit einer konservativ-katholischen Position, die aus der Sicht vieler ein prinzipielles Vorurteil gegenüber Homosexuellen erkennen ließ, für die Parlamentsmehrheit nicht akzeptierbar war.

Diese Mehrheit setzte sich aus den Fraktionen der Sozialisten, der Liberalen, der Grünen und der Vereinigten Europäischen Linken zusammen. Obwohl Buttiliglione nicht nur von der italienischen Regierung und dem designierten Präsidenten der Kommission, Manuel Barroso, unterstützt wurde, sondern auch von der größten Fraktion des Parlaments – von der Europäischen Volkspartei (EVP), setzte sich die aus vier Fraktionen gebildete Mehrheit durch: Um nicht die Ablehnung der Kommission insgesamt zu riskieren, nominierte die italienische Regierung nach Kontakten mit Barroso einen anderen Italiener für die Kommission.

Die Ablehnung Buttiliglione war eine Stunde des Parlaments: Zum ersten Mal nutzte es die Möglichkeit, die Zusammensetzung der Kommission zu beeinflussen. Zum ersten Mal wurde demonstriert, dass das politische System der EU einen parlamentarischen Charakter hat: gegen den Willen des Parlaments kann die Quasi-Regierung der Union, eben die Kommission, nicht gebildet werden. Die Ablehnung Buttiliglione war aber auch die Stunde des europäischen Parteiensystems: Es ging nicht um Italien oder Dänemark, es ging nicht um einen Gegensatz zwischen verschiedenen nationalen Interessen. Die Konfliktlinien waren zwischen der Mitte-Links-Mehrheit der Sozialdemokraten, Liberalen, Grünen und (Post)Kommunisten – und der vor allem von der EVP repräsentierten gemäßigten Rechten.

Mit dieser Deutlichkeit war bis dahin nicht gezeigt worden, welches Potential das Europäische Parlament für die Entwicklung eines europäischen Parteiensystems und europäischer Parteien beinhaltet. Wie aus dem britischen Parlament des 17. Jahrhunderts im Zusammenhang mit dem Konflikt mit der Krone die ersten modernen Parteien in Form der Tories und Whigs entstanden, so ist das Europäische Parlament der Ort, an dem ein transnationales europäisches Parteiensystem sichtbar wird.

Das beginnt schon bei der Sitzordnung im Plenum: Die Abgeordneten sitzen nicht nach nationaler Herkunft, sondern nach fraktioneller Zugehörigkeit zusammen. Die Ausschüsse des Parlaments werden von den Fraktionen nach ihrer verhältnismäßigen Stärke beschickt. Die Routine eines Normalparlaments bringt die Struktur eines europäischen Parteiensystems hervor: Die dieses Parteiensystem bestimmenden Gegensätze sind die zwischen konservativ und liberal und sozialdemokratisch und grün – und nicht die zwischen den Nationalstaaten.

Ein europäisches Parteiensystem ist freilich oft mehr ein Versprechen als eine Realität. Als 2011 der Rat der EU eine an Bedingungen geknüpfte Finanzhilfe für Griechenland beschloss, widerstand die konservative griechische Opposition dem Druck der konservativen Schwesterparteien, diese Bedingungen gemeinsam mit den regierenden Sozialisten im griechischen Parlament zu beschließen. Die griechischen Konservativen der Nea Dimokratia (ND) agierten aus der Logik einer nationalen Opposition heraus – wenn eine mit knapper Mehrheit ausgestattete Regierung unpopuläre Beschlüsse im Parlament durchdrücken will, dann kann sie eben nicht mit der Zustimmung der Opposition rechnen. Die ND agierte aber so nicht als Teil einer europäischen Partei: Obwohl sie der EVP angehört, waren für ihr Verhalten nationale Überlegungen wichtiger als europäische.

Europäische Parteien und ein europäisches Parteiensystem existieren – als Potential, sichtbar vor allem im Europäischen Parlament. Doch im politischen Alltag ist dieses Potential zumeist unsichtbar. Es steht nur zu oft hinter der Logik zurück, die sich aus den Konflikten innerhalb der Mitgliedstaaten der EU ableitet. Die Union kennt europäische Parteien und ein europäisches Parteiensystem. Doch diese werden überschattet von den nationalen Interessen nationaler Parteien.

Was die Union braucht, das ist die Weiterentwicklung des Potentials europäischer Parteien. Die indische Demokratie baut auf der Existenz einiger großer, gesamtindischer Parteien – vor allem der Kongresspartei (INC) und der Volkspartei (BJP). Die US-Demokratie festigte sich nach dem Trauma des Bürgerkriegs, als Demokraten sich nicht mehr als Süd- oder als Nordstaaten-Demokraten verstanden und die Republikaner Schritt für Schritt von einer Partei des Nordens zu einer gesamtamerikanischen Partei wurden. Das im 19. Jahrhundert entwickelte Parteiensystem der Schweiz war durch den Gegensatz zwischen dem (protestantischen) Freisinn und den Katholisch Konservativen charakterisiert – beide repräsentierten sowohl deutschsprechende wie auch frankophone Kantone und Wähler.

Alle Erfahrungen mit der neuzeitlichen Demokratie – von der englischen Revolution, 1688, bis zu den Transformationen in Süd- und in Osteuropa in den 1970er, 1980er und 1990er Jahren – unterstreichen, dass die Demokratie Parteien braucht. Um den Wählerinnen und Wählern, um also dem „Demos" die Möglichkeit zu geben, die Regierenden zu wählen, zu kontrollieren und ablösen zu können, braucht es Parteien; braucht es den Wettbewerb zwischen zwei oder mehreren Parteien um die Stimmen.

Die autoritären Systeme Portugals, Griechenlands und Spaniens konnten in den 1970er Jahren zu Demokratien werden, weil sich Parteien und ein kompetitives, am politischen Wettbewerb orientiertes Parteiensystem bildeten und so den Wählenden mehrere Optionen eröffneten. Die Fiktion der „Volksdemokratien", die sich im Schatten der UdSSR in Osteuropa nach 1945 bildeten, war die Vorstellung, dass eine Partei – eine kommunistische Einheitspartei, die verschiedenen Interessen der Gesellschaft unabhängig von Wahlen integrieren und so den „Volkswillen" sicherstellen könnte. In Wirklichkeit waren diese „Volksdemokratien" Diktaturen sowjetischen Typs, eben weil sie die durch ein Mehrparteiensystem ermöglichten Freiheiten verhinderten. Aus den „Volksdemokratien" wurden 1989, 1990 und 1991 Demokratien, sobald sich Parteien formieren konnten, die zueinander in einem Konkurrenzverhältnis standen.

Die Freiheit des Wählens setzt die Freiheit des Auswählens zwischen mehreren Angeboten voraus – und diese Angebote kommen von Parteien. Diese Angebote sind die miteinander konkurrierenden Parteien. Der Wettbewerb zwischen den britischen Whigs und Tories schuf einen Prototyp: In einem frei gewählten Parlament standen einander zwei (oder mehrere) Parteien gegenüber, die aus Eigeninteresse, aus dem Interesse am Wahlerfolg, die Interessen der Wählenden vertraten.

Im 19. Jahrhundert etablierten sich überall in Europa liberale und konservative Parteien, voneinander verschieden durch ihre unterschiedlichen Vorstellungen von Verfassung und Parlamentarismus, von den Rechten des konstitutionellen Monarchen, vom Verhältnis zwischen Kirche und Staat. In den Ländern mit katholischer Hegemonie wurde die Rolle der konservativen Parteien im 20. Jahrhundert weitgehend von christlich-demokratischen Parteien übernommen; und den Liberalen erwuchs in der zweiten Hälfte des 19. Jahrhunderts in den aufkommenden sozialistischen Parteien ein zumeist bald übermächtiger Konkurrent, der – wie die deutsche SPD, wie die britische Labour Party – zum entscheidenden Widersacher der Konservativen und Christdemokraten wurde.

Die Geschichte der Demokratie in Europa ist eine Geschichte der Parteien. Und die Geschichte der europäischen Einigung ist erst recht eine Geschichte der Parteien: In den Gründungsstaaten der Union wurden christlich-demokratische und sozialdemokratische und liberale Parteien zu den Bannerträgern der Integration. Es waren Parteien, die den Prozess der Integration möglich machten, die ihn vorantrieben. Robert Schuman konnte für die französischen Christdemokraten des MRP sprechen, Konrad Adenauer für die deutsche CDU, und Paul-Henri Spaak für die belgischen Sozialisten.

Es waren freilich nationale Parteien, die dieses Europa der Union möglich machten. Adenauer musste Wahlen in Deutschland gewinnen – und Spaak in Belgien. Es waren nicht europäische Parteien, die den Einigungsprozess einleiteten und vertieften. Freilich half die Existenz transnationaler Parteifamilien – wie etwa die Sozialistische Internationale, dass die wesentlichen nationalen Parteien international bereits mit Schwesterparteien verflochten waren, die ein mehr oder weniger analoges Verständnis von Gesellschaft und Politik hatten; verbunden durch das, was man „Ideologie" nannte, und unterfüttert durch parallele Strukturen der Wählerschaft: Bauern und „Bürger" wählten in den Gründungsstaaten vorwiegend konservativ, Arbeiter wählten in ihrer großen Mehrheit sozialistisch (oder kommunistisch).

Diese historischen Grundlagen der Parteifamilien Europas haben sich verschoben. Französische Arbeiter tendieren schon lange nicht mehr dazu, Parteien der Linken zu wählen, sondern den rechtsextremen Front National. Bauern sind überall in Europa (am wenigsten noch in Polen) zu einer kleinen, weiter schrumpfenden Minderheit geworden, deren Einfluss auf Wahlergebnisse immer geringer wird. Und die Rolle der Kirchen, ihr Einfluss auf Parteien und Parteiensysteme, ist (wiederum am wenigsten in Polen) deutlich schwächer geworden.

An die Stelle der Faktoren, die zunächst die losen Strukturen der europäischen Parteifamilien bestimmten – „Ideologie" und soziale Komposition, trat zunehmend die europäische Integration. Sie schaffte die strukturellen Voraussetzungen dafür, dass die historischen Unterschiede zwischen links und rechts, zwischen religiös und säkular nicht in einem Einheitsbrei entideologisierter Allerweltsparteien verloren gingen. Denn die Entstehung der EU zwang zur Weiterentwicklung der Parteifamilien. Eben weil die

Union von Anfang, von der Gründung der EGKS an mehr als eine Internationale Organisation war; weil sie konzipiert und umgesetzt wurde als – freilich unvollendeter – Bundesstaat, hatte die EU eine demokratische Qualität, die mehr war als die Summe der demokratischen Qualitäten ihrer Mitgliedsstaaten.

Die losen Parteifamilien verdichteten sich, als – ab 1979 – das Europäische Parlament direkt gewählt wurde und ein verstärktes Eigenleben entwickelte. Diese wachsende Bedeutung des Parlaments war in den verschiedenen Verträgen (von Maastricht 1992 bis Lissabon 2010) festgeschrieben, die auf das behauptete „Demokratiedefizit" der Union mit einer schrittweisen Aufwertung des einzigen direkt gewählten EU-Organs reagierten.

Ein klarer Zusammenhang ist erkennbar: Jede „Vertiefung" der EU – das heißt, jede Abgabe von Kompetenzen der Nationalstaaten an die Union, jede weitere Abkehr von der Einstimmigkeitsregel im Rat – ging einher mit einer Stärkung des Europäischen Parlaments. Und jeder Bedeutungsgewinn des Parlaments stärkt die zu den nationalen Strukturen quer liegende Stellung der europäischen Fraktionen und Parteien im Parlament.

Das mussten auch die Abgeordneten der besonders EU-skeptischen oder die EU grundsätzlich ablehnenden nationalen Parteien der äußersten Rechten erkennen. Wenn sie – wie der französische Front National, die österreichische FPÖ oder die ungarische Partei Jobbik – im Europäischen Parlament vertreten sind, dann macht es für sie Sinn, nach Zusammenschlüssen jenseits nationaler Grenzen zu suchen. Denn die Wirksamkeit im Parlament hängt mit der Fraktionsbildung zusammen – und diese ist erst möglich, wenn sich Abgeordnete zusammenschließen, die aus einem Viertel der EU-Mitglieder kommen, also aus sieben Staaten. Das veranlasst auch die äußerste Rechte im Europäischen Parlament, ihrer Anti-EU-Einstellung zum Trotz, nach Möglichkeiten der Zusammenarbeit und Vernetzung zu suchen, die ihnen eine Fraktionsbildung erlauben. Mit anderen Worten: auch die besonders nationalistischen Rechtsaußen-Parteien geraten in Versuchung, sich zu europäisieren.

Dass dies bisher nicht gelungen ist, liegt vor allem an den historischen Widersprüchen: Ungarische und slowakische Nationalisten definieren sich ja mindestens ebenso in ihrer Abgrenzung gegeneinander als in ihrer gemeinsamen Distanz zur EU. Doch die an Bedeutung gewinnende Rechte des vor allem westeuropäischen Postnationalismus, der – wie von der niederländischen Freiheitspartei, der Dänischen Volkspartei und der Partei der „Wahren Finnen“ vorgemacht – nicht auf historisch gewachsenen innereuropäischen Widersprüchen, sondern auf einer Ausgrenzungspolitik gegenüber Migrantinnen und Migranten beruht, macht einen zukünftigen europäischen Zusammenschluss der rechtsextremen Parteien Europas wahrscheinlich. Wenn es nicht mehr um die vermeintlichen Wunden von einst geht, wenn die Rechtspopulisten nicht mehr die Gefechte der innereuropäischen nationalen Gegensätze vergangener Jahrhunderte schlagen, sondern sich auf die Ausgrenzung aus der „Festung Europa“ konzentrieren; wenn nicht mehr Nation und Volk, sondern Kultur – und damit ein potentiell europäischer Begriff – im Mittelpunkt der Ausgrenzungsenergien der Rechtsextremisten stehen, dann hindert nichts und niemand die Europäisierung der nationalen Parteien der äußersten Rechten.

Der Integrationsprozess hat eine Sogwirkung. Schrittweise, im Sinne einer funktionalistischen Logik, vertieft sich Europa – von einer Gemeinschaft für Kohle und Stahl zu einer Wirtschaftsgemeinschaft und zu einem Binnenmarkt, in dessen Zentrum auch eine Währungsunion steht, die wiederum – ursprünglich nicht intendiert, an der Diskussion um diverse „Rettungspakete“ deutlich – Überlegungen über transnationale Kompetenzen nach sich zieht: von dem Gedanken einer „europäischen Wirtschaftsregierung“ und eines „europäischen Finanzministers“, die im Interesse der Stabilität der Währungsunion stärkere Kontrollbefugnisse über die Mitgliedsstaaten erhalten sollen, bis zu einer ebenfalls diskutierten gemeinsamen Steuerpolitik, die zwar der EU kein einheitliches Steuersystem bringen, die aber im Interesse des Wettbewerbsfairness bestimmte Eckdaten für die Steuerpolitik der Mitgliedstaaten festlegen kann.

Eine solche Sogwirkung ist auch für die Stärkung des erst schwach entwickelten europäischen Parteiensystems zu erwarten. Mehr Kompetenzen, die der Union zuwachsen, und weitere Schritte in Richtung Föderalisierung, in Richtung Bundesstaat erfordern und fördern ein kräftigeres europäisches Parteiensystem. Ein stärkeres Europa braucht starke europäische Parteien, die sich über die Grenzen nationaler Interessenvertretungen hinaus zu Repräsentanten europäischer Interessen entwickeln.

Der weitgehend erst zu konstruierende europäische „Demos" kann nicht wirklich für sich agieren. Dazu braucht es Parteien – und zwar primär Europa verpflichtete Parteien. Ohne die Stärkung des in Ansätzen vorhandenen europäischen Parteiensystems wird es keine Stärkung der Demokratie der Union geben können.

8. Die Zukunft der Union

Es ist wirklich schlimm, kommentiert der Pessimist. *Kaum jemand wagt es, eine Vision für das zu entwerfen, was am Ende der europäischen Integration stehen sollte oder könnte. Die politische Klasse will sich nur ja nicht mit irgendeinem Masterplan identifizieren, der deutlich macht, wie die Union um die Mitte des 21. Jahrhunderts aussehen kann. Alle fürchten den Vorwurf der europasüchtigen Phantasterei und des nationalen Ausverkaufs. Das Beste, worauf Befürworter einer starken Union hoffen können, ist, dass die Integration nicht allmählich wieder zurückgenommen wird – unter dem Stichwort „Renationalisierung". Die beste Zukunft der EU ist der Status quo.*

Moment, wirft die Optimistin ein. *Jetzt nörgeln Sie schon wieder und übersehen, dass es die EU eben deshalb so weit gebracht hat, weil sie sich nicht an eine bestimmte, genau formulierte Vorstellung ihrer Finalität gebunden hat. Das ist doch das, was Jean Monnet strategisch vorgegeben hat – kleine, eventuell auch größere Schritte machen, die wiederum neue Schritte nach sich ziehen. Da wäre doch ein Masterplan „Europa 2050" nur kontraproduktiv. Die Finalität der Union – also das, was sie vielleicht in einigen Jahrzehnten sein wird – kann und wird nicht das Produkt eines großartigen Designs sein. Die Union wird in ihre Finalität, die in Konturen aber nicht im Detail bekannt ist, schlicht und einfach hineinwachsen.*

8.1. Szenario: Das Europa der zwei Geschwindigkeiten

In seiner Rede vor der Humboldt Universität Berlin, im Mai 2000, skizzierte Joschka Fischer als deutscher Außenminister die Idee eines von Frankreich und Deutschland geführten Kerneuropa, dem sich andere EU-Staaten anschließen könnten, aber nicht müssten. Das positive Echo von Jacques Chirac unterstrich, dass dieses Kerneuropa durchaus im Sinne auch französischer Interessen war. Seither entwickelt sich die EU mehr noch als bisher dahin unter dem Gesichtspunkt der „Flexibilität" – ausgedrückt vor allem in der offenen Mitgliedschaft in der Währungsunion.

Vieles spricht dafür, dass die vor allem durch die Erweiterungen 1973 (der Beitritt der integrationsskeptischen Staaten Großbritannien und Dänemark) und 2004/07 (der Beitritt ökonomisch weniger entwickelter Staaten) signifikant angewachsene innere Differenz der EU sich zu einem – friedlichen – Auseinanderleben innerhalb der Union entwickeln könnte. Dass Großbritannien und Dänemark und Schweden die Möglichkeit, der Eurozone beizutreten, nicht nützen, ist nur ein freilich sehr wichtiges Zeichen dafür, dass die Integration nicht gleichmäßig voranschreitet.

Dass die Nicht-Beteiligung der einen und die Beteiligung der anderen Probleme aufwirft, zeigte sich im Juli 2011, als zunehmend unklar wurde, wer für den „Rettungsschirm" im Falle Griechenlands eigentlich zuständig ist: Die Eurozone, repräsentiert durch Jean-Claude Juncker in Verbindung mit der Europäischen Zentralbank – oder die EU in ihrer Gesamtheit, wie die Präsenz des ständigen Ratsvorsitzenden Herman Van Rompuy signalisierte? Wen wundert es, dass die Medien dann nur allzu gerne auf ihr beliebtes Spiel personalisierter Vereinfachung verfallen und ihre Aufmerksamkeit fast ausschließlich auf Angela Merkel und Nicolas Sarkozy richten. Gerade in Zeiten hektischer Aktivität kann die Existenz verschiedener Kreise innerhalb der Union zu einer

Verschwommenheit führen, die leicht zu Missverständnissen Anlass gibt.

Dazu kommen unterschiedliche weltpolitische Wahrnehmungen: 2003 wurde wieder einmal bestätigt, dass Großbritannien und Frankreich sehr unterschiedliche Zugänge zur Außen- und Sicherheitspolitik haben. Das Vereinigte Königreich ist – gleichgültig ob von Labour oder den Konservativen geführt – vor allem an einer Akkordierung mit den USA interessiert. Frankreich hingegen sieht, in der Weiterführung der gaullistischen Distanz zu den USA, die Union als ein Mittel, Eigenständigkeit gegenüber dem transatlantischen Partner zu betonen. Frankreich ist der logische Akteur, der auf eine Vertiefung der Gemeinsamen Außen- und Sicherheitspolitik hinarbeitet, um die Union zu einem den USA auf Augenhöhe entgegentretenden Partner zu machen.

Freilich: Die Union zerfällt nicht einfach nur in zwei Kreise. Deutschland ist in Fragen der wirtschaftlichen und sozialen Vertiefung üblicherweise prominent im „inneren Kreis" vertreten – solange sich nicht die deutsche Krankheit des „Wir sind die Zahlmeister Europas" bemerkbar macht. In der Politik gegenüber Libyen, 2011, gab sich Deutschland distanziert gegenüber der britischen und französischen Interventionspolitik, durchaus in der Tradition der deutschen postnazistischen „soft power" Politik. 2003 war Deutschland auf der Seite Frankreichs, als es galt, eine Position gegenüber den Plänen des US-Präsidenten George W. Bush zu formulieren, den Irak anzugreifen. Und es war das neutrale Österreich, das zwar nicht an der US-geführten Militäraktion teilnahm, aber ebenso wenig Interesse zeigte, sich an einer unter deutsch-französischem Vorzeichen stehenden Verdichtung der Verteidigungspolitik der Union zu beteiligen.

Die außenpolitische Vielfalt innerhalb der Union hat sich auch nach der durch die militärische Intervention der NATO, 1999, ermöglichte Unabhängigkeitserklärung des Kosovo gezeigt: Die Mehrzahl der EU-Staaten erkannten diese Unabhängigkeit an; fünf Staaten aber verweigerten eine Anerkennung und verhinderten damit eine gemeinsame Politik der Union gegenüber dem Kosovo und Serbien. Dass die Motive Spaniens, Griechenlands, Zyperns, Rumäniens und der Slowakei nicht mit der Frage der Gemeinsamen Außen- und Sicherheitspolitik generell verbunden waren, sondern mit der Sorge, die Unabhängigkeitserklärung des Kosovo könnte dem Baskenland und Katalonien als Vorbild dienen oder einen latenten Grenzrevisionismus der ungarischen Minderheiten in Mitteleuropa aktivieren oder für die Legitimation der türkischen Präsenz auf Zypern genutzt werden, unterstreicht nur noch die Vielfalt der Bruchlinien zwischen den Interessen, die eine stärkere Bindung der Staaten an ein zusammenwachsendes Europa der Union wollen, und denen, die dies ablehnen: Wenn es um spezifische nationale Tabus geht, ist die Bereitschaft zu einer gesamteuropäischen Politik rasch zu Ende.

Es gibt mehrere innere Kreise in der EU – Gruppen von Staaten, die eine besondere Integration von Mitgliedsstaaten, die eine sektorale Vertiefung der Union betreiben. Und es gibt mehrere äußere Kreise derer, die keine weiteren Bindungen innerhalb der Union zu akzeptieren bereit sind. Es gibt aber auch mehrere Ebenen von Interessen, die erklären, warum die Slowakei zwar einen möglichst raschen Beitritt zur Währungsunion betrieb, sich aber äußerst zögerlich zeigte, wenn es um die Solidarität mit Ländern in der Finanzkrise wie Griechenland ging.

Diese vielfältige Überlappung von Interessen ist der Grund dafür, dass sich die Union vermutlich nicht in zwei Ligen spalten wird; dass auch weiterhin verschiedene Staaten in einem Politikfeld der Europäisierung das Wort reden und sich in anderen Bereichen von einer solchen Europäisierung fernhalten werden. Für den Zusammenhalt der Union sind diese überlappenden Beteiligungen an den unterschiedlichen inneren Kreisen vermutlich sogar positiv: Denn so entsteht kein Integrationszug erster Klasse, der dem Integrationszug zweiter Klasse immer weiter davonfährt.

Und die Union als solche? Sie droht bei einer solchen Entwicklung zu zerflattern. Das ist ja schon jetzt im Nebeneinander von

Währungsunion und der Union generell zu sehen. Wenn Staaten die rotierende Ratspräsidentschaft innehaben, die nicht der Eurozone angehören – wie 2011 Ungarn und dann Polen, dann hat diese Präsidentschaft für die Währungsunion keine Bedeutung. Deshalb gibt es – unabhängig von der rotierenden, aber auch von der ständigen Ratspräsidentschaft – die Funktion des Vorsitzenden der Eurogruppe. Dieses Amt hat seit Jahren der luxemburgische Ministerpräsident und langjährige Finanzminister Jean-Claude Juncker inne. Er leitet die Sitzung der Finanzminister der Mitgliedsstaaten der Währungsunion. Damit überschneidet sich seine Funktion mit der des Finanzministers des Landes, das die rotierende Ratspräsidentschaft innehat – denn der Vorsitz im Rat der Finanzminister aller EU-Staaten steht ja der rotierenden Ratspräsidentschaft zu.

Trotzdem gibt es wohl keine Alternative als auch weiterhin das Neben- und Miteinander von Staaten zu ermöglichen, von denen einige viel weiter gehen wollen als andere: Da eine Gruppe von EU-Staaten, die eine Europäische Verteidigungsunion aufbauen wollen – im Sinne der 1954 gescheiterten Europäischen Verteidigungsgemeinschaft, an der sich andere Mitgliedsstaaten aus verschiedenen Gründen nicht beteiligen wollen. Dort eine Gruppe, die für sich eine gemeinsame Migrations-, Asyl- und Staatsbürgerschaftspolitik beschließen könnte, ohne dass alle Staaten mitzumachen bereit sind.

Ein Europa der unterschiedlichen Geschwindigkeiten gibt es schon – und viel spricht dafür, dass in Zukunft sich die Zahl der verschiedenen „in-groups" eher vermehren wird. Das reduziert die Bedeutung des Parlaments und der Kommission und des Rates – denn diese zentralen Institutionen müssen ja für die EU in ihrer Gesamtheit agieren. Und das erschwert auch die Weiterentwicklung von Strukturen in Richtung auf einen europäischen Bundesstaat. Oder kann man sich vorstellen, dass der Kanton Graubünden sich nicht an die eidgenössische Verteidigungspolitik gebunden fühlt – oder auch, dass der Staat Arizona sich aus der Dollarzone ausklinkt?

Doch solange die EU ein Bundesstaat nur in Ansätzen ist, funktioniert sie als eine Union, in der die Mitgliedsstaaten bestimmte Möglichkeiten der Gemeinschaft mittragen oder auch nicht. Die Union kommt durch ein Europa der zwei Geschwindigkeiten allerdings dann in Schwierigkeiten, wenn es unterschiedliche Geschwindigkeiten nicht oder nicht nur in Richtung auf eine Stärkung der Union gibt; sondern auch unterschiedliche Geschwindigkeiten auf einem Weg, der von Europa wegführt. Die Leidtragenden freilich sind in allen Fällen die für die Kernkompetenzen der EU Zuständigen; und das Bild einer Union, die vor allem Gemeinsamkeiten repräsentieren soll.

Dennoch: Das Europa der zwei Geschwindigkeiten ist derzeit und in absehbarer Zukunft die einzige Möglichkeit, die Blockade einiger an bestimmten Integrationsschritten nicht interessierten Staaten zu umgehen. Und daher werden auch die europäischen Föderalisten – diejenigen also, die in einem europäischen Bundesstaat das logische Endziel des Integrationsprozesses sehen, sich mit einer Union anfreunden können, in der es Bereiche des „opting in" und des „opting out" gibt. Denn für die Föderalisten ist ja vor allem wichtig, dass der Zug der Integration nicht zum Stillstand kommt; und daher ist es – aus der Sicht der Föderalisten – letztlich besser, wenn einige Mitglieder einen schnelleren Zug benutzen. Wenn das Ergebnis einer in Richtung Bundesstaat gehenden Entwicklung attraktiv ist, werden auch die Staaten versucht sein, sich zu einem späteren Zeitpunkt zu beteiligen, die zunächst dieser Entwicklung distanziert zugesehen haben.

8.2. Szenario: Rückbau der Union

In seinem 1999 erschienen Roman beschreibt der britische Autor Peter Preston die radikale Variante der Renationalisierung: den

Austritt eines Staates aus der EU. Der konservative Parteiführer Rupert Warner verspricht vor Wahlen in das britische Unterhaus, das Vereinigte Königreich aus der Europäischen Union herauszuführen. Nach seinem Wahlsieg erfüllt er sein Versprechen. Die EU verliert Großbritannien als Mitglied; und fast zufällig und spielerisch tritt das Vereinigte Königreich den USA bei – als 51. Staat. Damit ist die Phantasie des Autors aber noch nicht an ihr Ende angelangt – zwar werden die USA nicht zur Monarchie, die Queen wird zu einem Symbol des Sonderstatus, den der 51.Staat genießen darf. Aber Warner macht rasch den nächsten Schritt in seiner Karriere – und der führt ihn ins Weiße Haus.

Für Geschichtsbewusste ist das eine bizarre Utopie, die sich in diesem Roman entwickelt: Die Briten kehren in ihre früheren Kolonien zurück. Der britische Premier wird amerikanischer Präsident. Der Unabhängigkeits- oder Revolutionskrieg, 1776 begonnen, käme damit zu seinem überraschenden Abschluss; und die Urängste der Väter der amerikanischen Unabhängigkeitserklärung und Verfassung sind bestätigt: Die Briten sind wieder da.

In Prestons Roman ist die EU ein einziger Horror, in dem deutsche und französische Politiker (andere scheint es in der Union gar nicht zu geben) ausschließlich an der Maximierung ihrer persönlichen Macht interessiert sind. Eine europäische Dimension, jenseits britischer oder französischer oder deutscher Interessen, gibt es offenbar nicht. Das Europäische Parlament und die Kommission sind einfach nicht vorgesehen – es geht immer nur um Nationalstaaten, als würde man noch das 19. Jahrhundert schreiben.

Dass ein Staat aus der Union austreten kann, ist in den Verträgen und damit in der faktischen Verfassung der Union ausdrücklich festgehalten. Dies unterscheidet auch die EU von den USA, in deren Verfassung ein Austritt eines Staates nicht vorgesehen ist. Die Interpretation der Südstaaten, ein solcher Austritt sei möglich, weil nicht ausdrücklich untersagt, führte zum Bürgerkrieg. Seither ist – trotz der Existenz mancher als skurril eingestufter Phänomene wie das der Alaska Independence Party – die Debatte über den möglichen Austritt eines der mittlerweile 50 Staaten unterhalb der politischen und wissenschaftlichen Aufmerksamkeitsschwelle. Und als 51. Staat kommen Puerto Rico oder Washington DC, nicht aber das Vereinigte Königreich von Großbritannien und Nordirland in Frage.

Ein Austritt eines Staates aus der EU würde auch ganz gewiss nicht zu einem Krieg führen – wie 1861 in Amerika, als Abraham Lincoln Truppen schickte, um die Rebellion des Südens niederzuschlagen. Der Austritt einzelner Staaten ist freilich ohnehin eine insgesamt unwahrscheinliche Variante der Renationalisierung. Das Beispiel Dänemarks zeigt die wahrscheinliche Variante: Das opting-out aus Verpflichtungen, die ein Staat bereits eingegangen ist. Der Versuch der dänischen Regierung, 2011 die Grenzkontrollen gegenüber Deutschland und Schweden trotz Mitgliedschaft im Schengenraum wieder einzuführen, ist ein Beispiel für eine reale Möglichkeit: Es braucht einen Anlass, der eine latent vorhandene Bereitschaft abruft.

Der Anlass im Fall Dänemark war die Krise, die der „arabische Frühling" und die dadurch ausgelösten Migrationsströme in Italien auslöste. Italien sah sich – verständlich – überfordert. Nur war für alle erkennbar, dass das Ziel der meisten Migrantinnen und Migranten nicht Italien sondern Frankreich war – weil viele aus dem frankophonen Teil des Maghrebs kamen. Nichts ließ aber darauf schließen, dass viele der Migrantinnen und Migranten nach Dänemark wollten. Und dennoch reagierte Dänemark mit der faktischen Aufkündigung von Verpflichtungen aus dem Schengen-Vertrag. Die Krise im Mittelmeerraum war nur der Anlass – man könnte auch sagen, der Vorwand – für eine antieuropäische Kehrtwendung Dänemarks.

Die Ursache dieser Entwicklung war die Abhängigkeit der dänischen Minderheitsregierung von der parlamentarischen Unterstützung durch die Dänischen Volkspartei. Diese in vieler Hinsicht für den Rechtspopulismus in Europa typische Partei artikuliert die in Dänemark traditionellen Emotionen eines Defensivnationalismus: Dänemark drohe, seine nationale Identität zu verlieren – auch und gerade durch den „Zentralismus“ der Europäischen Union. Ein Kleinstaat wie Dänemark sei besonders gefährdet, in einem von den Großen (vor allem vom großen Nachbarn Deutschland) beherrschten Europa unterzugehen.

Der dänische Versuch, sich ohne ausdrückliche Aufkündigung des Vertrages aus dem Schengen-Raum zu verabschieden, kann eigentlich auch als Beitrag zu einem Europa der zwei Geschwindigkeiten gesehen werden. Wenn Dänemark aber eine Kettenreaktion auslösen sollte, käme dies einem systematischen Rückbau der Integration insgesamt gleich. Und für eine solche Entwicklung gibt es tatsächlich Anzeichen – auch wenn diese im Wesentlichen auf Rhetorik beschränkt sind, bzw. vor allem auf die Verhinderung weiterer Integrationsschritte abzielen.

Der Vertrag von Maastricht verankerte das Prinzip der Subsidiarität in der EU-Verfassung. Formal bedeutet dieser Grundsatz, dass die Union nur Zuständigkeiten beanspruchen darf, wenn die gewünschten politischen Ziele nicht auch durch die Mitgliedsstaaten erreicht werden könnten – ohne die EU. Faktisch ist die Subsidiarität eine Leerformel, weil ja ohnehin von Fall zu Fall entschieden werden muss, ob für eine bestimmte Politikebene (z.B. Migrationspolitik) die Staaten sich befähigt und daher zuständig fühlen – oder eben nicht. Strategisch war die Aufnahme des Subsidiaritätsprinzips in das Vertragswerk der Union aber als eine Art politisches Placebo gedacht: Die rund um den Vertrag von Maastricht laut werdende Kritik, dieser Vertrag würde die Union zum gefürchteten „Superstaat“ machen, sollte mit einem antiföderalistisch und damit antizentralistisch formulierten, aber faktisch inhaltsleeren Grundsatz beruhigt werden.

In seinem Buch „The End of European Integration“ sieht Paul Taylor im Subsidiaritätsprinzip freilich eine ganz andere, nicht nur symbolische, sondern auch reale Dimension. Subsidiarität würde zu einer Strategie der allmählichen und immer weiter gehenden, wenn auch nicht vollständigen Entflechtung der Union. Die nationalen Regierungen – vor allem durch die Erweiterungen der Union vor insgesamt sehr unterschiedliche Herausforderungen gestellt – würden aus Eigeninteresse immer weniger gewillt sein, ihren nationalen politischen Spielraum aus Gründen einer gesamteuropäischen Solidarität zu verengen. Und wenn mehrere Staaten europäische Verpflichtungen der Zukunft als unakzeptable Einengung sehen, dann werden sie auch beginnen, bereits bestehende Verpflichtungen in Frage zu stellen. Dann ist das bestehende Vertragswerk nicht oder nicht mehr nur ein Provisorium auf dem möglichen Weg in einen Bundesstaat. Es wird auch zum Provisorium auf dem ebenso möglichen Weg in eine lockere Freihandels- und Wirtschaftsgemeinschaft. Und eine solche mag alles Mögliche sein. Aber sie ist keine Union mit einer explizit politischen Dimension.

Natürlich würde ein systematischer Rückbau der Union neue Verträge verlangen. Und natürlich wäre das Procedere der Vertragsverhandlung, der Vertragsunterzeichnung und der Ratifizierung ebenso kompliziert wie das der bisherigen Verträge, die insgesamt auf eine Stärkung der Union gerichtet waren. Aber es kann wohl nicht daran gezweifelt werden, dass – wenn eine Gruppe von Staaten eine Vertragsänderung zur Schwächung europäischer Kompetenzen vorschlägt und für den Fall der Ablehnung den Austritt der gesamten Gruppe in den Raum stellt – die anderen Staaten und die EU insgesamt zum Nachgeben gezwungen sind.

Das mag zu einer weiteren, systematischen Auseinanderentwicklung der Union führen, wie es ja auch im Szenario eines Europa der „zwei Geschwindigkeiten“ angedacht ist. Aber während die Realität und die Konzeption eines solchen Europa davon ausgegangen ist, dass sich einige Staaten weiter vorwagen als andere, wäre ein vor dem Hintergrund des systematischen Rückbaus vorgenommene Vertragsänderung davon bestimmt, dass einige Staaten sich weiter zurückbegeben als andere.

Der Rückbau der Union würde die in der Realität des Europa der „zwei Geschwindigkeiten“ angelegte Entwicklungslogik umkehren: Europa würde sich mit unterschiedlichen Geschwindigkeiten nicht mehr vorwärts, in Richtung auf eine sich ständig verdichtenden Gemeinschaft; sondern rückwärts in Richtung auf Auflösung bewegen. Und darin ist für den Bestand der Union eine latente Gefahr verbunden: Der Funktionalismus der Monnet-Methode würde sich ins Gegenteil von dem verkehren, für das er pragmatisch entwickelt wurde. Ein Schritt zurück würde dann, auch wenn gar nicht so intendiert, weitere Schritte nach sich ziehen – eben zurück.

Wenn Mitgliedsstaaten erreichen, dass bestimmte Kompetenzen von der Union zurück an die Staaten kommen, dann fährt der Zug Europas insgesamt zurück in die Richtung der Anfänge der Union. Das ist nicht auszuschließen. Wenn zum Beispiel unter dem Druck einer über die Millionengrenze hinausreichende Anwesenheit rumänischer Arbeitskräfte in Italien die italienische Regierung gemeinsam mit anderen, etwa der spanischen, eine Änderung der Regeln des Binnenmarktes erreicht und die Mitgliedsstaaten wieder die Kompetenz bekommen, auch Angehörige von EU-Staaten vom dann eben nicht mehr europäischen, sondern nationalen Arbeitsmarkt auszuschließen, wird ein Kernstück der bisher erreichten Integration aufgegeben; wird auch vorgeführt, dass die Bindungen innerhalb der Union durchaus gelockert werden können, ohne dass die Union insgesamt zerstört oder dass einzelne Mitgliedsstaaten ihren Austritt aus der EU betreiben.

Die Folgen sich vorhersehbar. Nationale Regierungen kämen immer mehr unter den Druck nationalistisch und populistisch argumentierender Medien und Parteien, auch bei manchen anderen als Nachteil für die nationalen Interessen empfundenen EU-Zuständigkeiten deren Renationalisierung zu betreiben. Die Finalität der Union, die sich dann abzeichnet, wäre nicht der europäische Bundesstaat, sondern das Ende der Union.

Diese mag dann als Wirtschafts- und Zollgemeinschaft, als Freihandelszone vielleicht namens EFTA II weiter existieren. Doch die realen und mentalen Grenzen zwischen den einzelnen

Staaten wären wieder betont und immer stärker spürbar. Eine solche Perspektive würde Europa zurück in die Zeit zwischen den Weltkriegen führen – auch wenn der Trend zu antidemokratischen Systemen in den einzelnen europäischen Staaten nicht spürbar sein sollte. Das Friedensprojekt Europa wäre aber gescheitert.

Das ist eine mögliche, wenn auch nicht unbedingt wahrscheinliche Entwicklung. Denn die Interessen auch in den Mitgliedsstaaten, das bisher durch die Integration Erreichte nicht leichtfertig aufs Spiel zu setzen – die Mobilität des Binnenmarktes vor allem, würde wirksam werden, sollte der Rückbau der Union ernsthaft zur Diskussion stehen. Das Europa der Union hat schon so viel geschaffen, an dem nun besondere Interessen hängen.

Dennoch: Auszuschließen ist ein „Finis Europae" als Resultat verschiedener Schritte der Renationalisierung nicht. Auszuschließen ist nicht, dass die Hallen des Europäischen Parlaments in Straßburg und Brüssel sich in Museen verwandeln; vielleicht sogar in solche der Geschichte Europas. Und über die Nutzung des Hauptsitzes der Kommission – des Palais Berlaymont, dessen charakteristische Architektur seit Jahrzehnten das Stadtbild von Brüssel mitbestimmt, könnten dann Flamen und Wallonen einen langen, langen Streit beginnen.

8.3. Szenario: Der vollendete Bundesstaat

Ein Bundesstaat schafft nicht eine Welt ohne explosive Probleme und Herausforderungen. Dass die USA so große Schwierigkeiten haben, eine Budgetpolitik auch nur zu formulieren, geschweige denn effizient umzusetzen; dass die indische Demokratie unverändert unter der Korruption in weiten Bereichen der politischen und administrativen Klasse leidet und dem gewaltbereiten Separatismus im Nordosten und in Kaschmir nicht Herr werden kann; dass in der Schweiz gerade in der Einstellung der Eidgenossenschaft zur EU, aber auch in Fragen der sprachlichen Orientierung des Schulwesens sich der „Röstigraben“ zwischen der deutschen und der frankophonen Schweiz eher vertieft als schließt: Alles das zeigt, dass es in der Politik keine perfekte Lösung gibt – auch nicht eine, die Bundesstaat heißt.

Die Möglichkeit eines europäischen Bundesstaates – wie immer er auch heißen mag – kann nicht als das Versprechen einer harmonischen, durch und durch friedlichen Gesellschaft verstanden werden. Europa wäre auch als fertiger Bundesstaat ein Kontinent, in dem Spannungen zwischen Basken und der Regierung in Madrid, zwischen rechtspopulistischen Parteien und moslemischen Zuwanderern in West- und Nordeuropa, zwischen einer gesellschaftlichen Schicht (Klasse?) von immer reicher werdenden Italienern oder Briten oder Deutschen und den vom Reichtum Ausgeschlossenen weiterleben und immer wieder für politischen Sprengstoff sorgen. Eine bundesstaatliche Zukunft Europas bringt nicht das Paradies auf Erden – natürlich nicht.

Was eine bundesstaatliche Zukunft Europas aber bringen kann, das ist die Absicherung der bisherigen primären Errungenschaften der Integration; das ist die weitestgehende Garantie dafür, dass Europa die bisher schon konsumierte Friedensprämie nicht zurückzuzahlen hat, sondern auszubauen vermag.

Vieles spricht dafür, dass die Vereinigten Staaten von Europa in der vorhersehbaren Zukunft nicht gegründet werden können. Für eine solche vorsichtige Skepsis mag auch sprechen, dass eine Bezeichnung, die auf das Vorbild USA verweist, angesichts des nicht nur mit der Präsidentschaft von Georg W. Bush verbundenen europäischen Antiamerikanismus Negativreaktionen in Europa provozieren würde.

Das Verhältnis USA – Europa ist voll von Widersprüchen. Einerseits sind die USA, worauf Andrei Markovits verwiesen hat, ein „defining other“ europäischer Identität: Europa will nicht Amerika sein; und die Integration Europas wird von der Wahrnehmung begleitet, die Welt brauche eben deshalb ein geeintes Europa, weil es sich geradezu als Gegenteil von dem versteht, was mit Amerika assoziiert wird. Europa bietet „soft" – Amerika „hard power". Europa, so das antiamerikanische Klischee, ist von einer solidarischen Gesellschaftsstruktur bestimmt; Amerika hingegen wird egoistischer Individualismus und unkontrollierter Kapitalismus zugeschrieben. Europa neigt dazu, sich gegenüber den USA als kulturell überlegen und sozial sensibler wahrzunehmen – ohne Rücksicht auf die Befunde, die gerade im Vergleich eine viel komplexere Wirklichkeit aufzeigen, die durch viel mehr Gemeinsamkeiten als durch dichotomische Gegensätze auf beiden Seiten des Atlantiks charakterisiert wird.

Auf der anderen Seite sind die USA ein reales Vorbild für Europa. Der Weg von einer Konföderation zu einer Föderation; die politischen Funktionen und die damit verbundenen Rollen, die sich aus dem Netzwerk der Integration heraus entwickeln – Legislative, Exekutive, Judikative; und vor allem die immer wieder neu definierte Balance zwischen Union und Staaten: Das alles machen die USA der EU vor. Was diese Entwicklungen bedeuten, welche Konsequenzen das Zusammenwachsen von Staaten hat: Woran sonst kann das Europa beobachten und analysieren, wenn nicht am Beispiel USA? Das Werden der USA ist ein Laboratorium für politische, wirtschaftliche, kulturelle Integration. Aus der Beobachtung dieses Labors kann Europa viele Rückschlüsse zielen, die ganz gewiss nicht in einer simplen Übernahme der Ergebnisse der amerikanischen Integration bestehen können, die aber der EU dabei helfen, die Vor- und Nachteile der einzelnen Integrationsschritte sorgfältig abzuwägen. Dass Europa sich diese Vorbildfunktion der USA oft nicht eingestehen will, ändert nichts daran, dass ein europäischer Bundesstaat jedenfalls auf vielen, auf sehr vielen Erfahrungen aufbaut, die im 18., 19. und 20. Jahrhundert die USA gemacht haben.

Vor allem spricht gegen eine schon vorhersehbare Verwirklichung eines europäischen Bundesstaates die Summe der Widerstände, die mit nationalen Vorzeichen aus den EU-Staaten kommen. Die Vorstellung, dass Bulgarien oder Schweden zu bloßen

Gliedstaaten eines europäischen Bundesstaates würden, muss heftigen Widerstand in Bulgarien oder Schweden provozieren. Der Hinweis, dass dies nur die logische Fortsetzung des Weges wäre, der mit dem aus freien Stücken vollzogenen Beitritt zur Union als einem unvollendeten Bundesstaat begonnen wurde, würde kaum helfen. Denn es ginge vor allem um Symbole nationaler Selbständigkeit, und auch das selbstverständlich mögliche Weiterleben von nationalen Wappen und Hymnen in einem Bundesstaat würde gegenüber dem antieuropäischen Furor des nationalen Populismus wenig bewirken.

Die Argumente für eine bundesstaatliche Finalität der Union leiden daran, dass sie so schrecklich rational sind; dass sie die geballte Macht nationaler Gefühle gegen sich haben. Es gibt kein europäisches Äquivalent für Jeanne d'Arc oder Matthias Corvinus, der im Spätmittelalter als König Matthias I. zum Symbol der nationalen Entfaltung Ungarns wurde. Charlemagne, Karl der Große, ist viel zu sehr west- und nicht gesamteuropäisch besetzt; und überdies wäre die Identifizierung der EU mit ihm von der Geschichte gewaltsamer Christianisierung belastet, die mit seinem Namen verbunden ist. Die neuzeitlichen Heroenfiguren Europas, an deren Namen sich Emotionen hochranken, sind durchwegs national besetzt – von Napoleon und Bismarck bis Churchill und de Gaulle. Wenn es auf die Politik der Gefühle ankommt, bleibt Europa weit abgeschlagen Zweiter – hinter den Nationen.

Und dennoch ist auf lange Sicht nicht auszuschließen, dass die Zukunft Europas von einem europäischen Bundesstaat bestimmt werden wird; nicht kurz- oder mittelfristig, sehr wohl aber längerfristig. Der Grund für eine solche Perspektive sind die bisherigen Erfahrungen mir der europäischen Integration; mit der Allianz aus Interessen und der Monnet-Methode des „piecemeal engineering". Gegen den vollständigen Zusammenbruch der Integration spricht viel – und zwar auch die Summe der nationalen Interessen. Wenn das Europa der Union aber nicht zusammenbricht, wird die Union nicht einfach stillstehen können, eingefroren auf ihrem

Entwicklungsniveau mit 28 Staaten (die 27 plus Kroatien) und dem Vertrag von Lissabon.

Für die Weiterentwicklung der Union spricht vor allem das Zusammenspiel von gesellschaftlichem Wandel und europäischer Integration. Das Europa der Union ist auch das Produkt ökonomisch-technischen Fortschritts. Die durch diesen freigesetzten Energien, die sich in einer ständig wachsenden Arbeitsproduktivität und einem permanent steigenden Bildungsniveau äußern, lassen die verschiedenen Nationalismen als hoffnungslos vorgestrig erscheinen. Die Erfolgsgeschichte von Nokia ist nicht die Erfolgsgeschichte eines finnischen Unternehmens, sondern eines Unternehmens, das in Finnland begonnen hat. Der Erfolg von Nokia, von Volkswagen, von Michelin und anderen verlangt nach einer Aufhebung von wirtschaftlichen Grenzen. Und die Aufhebung wirtschaftlicher verlangt nach einer Aufhebung politischer Grenzen.

Die Bildungssysteme Europas vernetzen sich: Stichwort Bologna Prozess, Stichwort Erasmus-Programme. Diejenigen Europäerinnen und Europäer, die von einer zunehmend sich europäisierenden Bildungslandschaft geprägt sind – und ihre Zahl wächst ständig, werden sich immer weniger in die als Gettos empfundenen nationalen Grenzen sperren lassen. Das beste Argument für einen Eurooptimismus, der mit der Entwicklung der Union in Richtung Bundesstaat rechnet, ist der gesellschaftliche Wandel, ist die Modernisierung – auch wenn diese gelegentlich als Postmodernismus etikettiert wird.

Als um die Mitte des 19. Jahrhunderts Italien und Deutschland, bis dahin im Wesentlichen geographische und jedenfalls keine politischen Begriffe, vom Prozess nationaler Einigung erfasst wurden, war das eine Produkt das Königreich Italien – politisch bestimmt vom Königreich Piemont-Sardinien; und das zweite war das Deutsche Kaiserreich, das ganz wesentlich die Handschrift Preußens trug. Weiterreichende Vorstellungen, die mehr auf den latent demokratischen Charakter des Wandels hofften, setzten sich nicht durch: Weder konnte der Parlamentarismus der Frankfurter

Paulskirche sich gegen das Konzept eines Deutschlands der Fürsten behaupten, noch vermochten sich letztlich die republikanische Vision Giuseppe Garibaldis und seine militärischen Erfolge gegen das Konzept Camillo Cavours, der Italien als Monarchie plus Parlament vorgesehen und auch entsprechend ins Leben gerufen hatte, als stärker erweisen.

In ihrem englischen Exil beobachteten Karl Marx und Friedrich Engels die Entwicklung auf dem Kontinent. Das Ergebnis der italienischen und der deutschen Einigung war ganz bestimmt nicht das, was sich die Autoren des „Kommunistischen Manifests" gewünscht hätten – hätten sie sich überhaupt auf das für sie eher atypische Spiel des Wünschens eingelassen. Für Marx und Engels, für die beiden als Analytiker getarnten Propheten einer Welt von morgen, war das unbefriedigende Ergebnis in Italien und in Deutschland natürlich kein Grund, der Existenz des Königreiches Neapel oder der Souveränität Württembergs nachzutrauern. Die Mängel der Einigung Italiens und der Deutschlands änderten für Marx und Engels überhaupt nichts daran, den Wind des Fortschritts auch in den vergleichsweise bescheidenen Erfolgen politischer Prozesse zu erkennen.

Die Zukunft Europas ist offen – einschließlich der Möglichkeit einer weiteren Verdichtung der Union auf einem Weg, an dessen Ende ein europäischer Bundesstaat steht. Ein solches Ziel wird nicht in der näheren Zukunft erreicht werden können, sehr wohl aber kann eine solche Entwicklung in fernerer Zukunft eintreten. Denn der Wind des Fortschritts weht nicht in Richtung der vollen Souveränität Portugals oder der Slowakei. Das Europa der Union hat diesen Wind auf seiner Seite.

8.4. Szenario: „Muddling Through"

Der Prozess der europäischen Einigung ist – einerseits – extrem kompliziert. Eine unüberschaubare Zahl von Faktoren, von speziellen Interessen, von unvorhersehbaren Entwicklungen kann die Integration massiv beeinflussen. Was wäre aus dem Reformvertrag, dem Vertrag von Lissabon geworden, hätte das zweite irische Referendum die irische Ratifizierung und damit die Implementierung des Vertrages verhindert? Wie würden die europäischen Chancen des Kandidaten Türkei aussehen, wäre nicht vor dem Beitritt Zyperns die Bereinigung des griechisch-türkisch-zypriotischen Konflikts am Stimmverhalten der griechischen Zyprioten gescheitert? Ist der Maastricht-Vertrag vorstellbar ohne die deutsche Einigung und das dahinter stehende Ende des Ost-West-Konfliktes? Hätten die französischen Gaullisten ihre proeuropäische Wende geschafft, wäre Charles de Gaulle noch bis in die 1970er Jahre hinein die zentrale Figur gewesen, die die Politik Frankreichs bestimmt?

Diese Komplexität scheint der Einfachheit und Klarheit der Entwicklungslinien der Integration zu widersprechen: einer Erweiterung, die bis an die Grenzen Europas gehen und als Einladung an alle europäischen Demokratien zu verstehen ist; und einer Vertiefung, die als allmähliche Verschiebung politischer Macht von den Mitgliedsstaaten zur Union gesehen wird. Diese Klarheit reibt sich mit der komplexen Vielfalt intervenierender Interessen und Akteure – und beschränkt die Möglichkeit zu auch nur kurzfristigen Prognosen.

Die Europäische Union entwickelt sich in einem gesellschaftlichen, einem wirtschaftlichen und politischen und kulturellen Umfeld, das ständig in Fluss ist. Deshalb liefern die beiden in sich so eindeutigen, radikalen Perspektiven – einerseits der Rückbau (und damit, längerfristig, das Ende) der Union; und andererseits eine bundesstaatliche Finalität der EU – zwar Muster, an denen die reale Entwicklung der Integration Europas gemessen und bewertet werden kann. Aber für die nähere Zukunft muss von einem Weitergehen des Integrationsprozesses ausgegangen werden, der durch kurzatmigen Pragmatismus und durch kurzfristiges Reagieren, vor allem aber durch die Hinnahme vieler interner Widersprüche charakterisiert ist: Die EU wird sich weiter bewegen, aber die Entwicklungslinien werden viel weniger eindeutig sein, als sich dies die europäischen Föderalisten auf der einen, die Gegner eines vereinten Europa auf der anderen Seite wünschen.

Natürlich gilt auch für diese Prognose der Satz, der John Maynard Keynes zugeschrieben wird: Auf lange Sicht sind wir alle tot. Das soll heißen, dass seriöse und halbwegs gut abgesicherte Prognosen nur als kurz- bis mittelfristige Vorhersagen gemacht werden können. Das „Muddling Through", das „Sich Durchwursteln" – das auch zu einem guten Teil mit dem Konzept des „Europa der zwei Geschwindigkeiten" einhergehen kann und wird, das wird mit hoher Wahrscheinlichkeit die nächsten vielleicht zehn, vielleicht zwanzig Jahre bestimmen. Danach wird die Zukunft immer offener, immer weniger prognostizierbar; danach nimmt die Wahrscheinlichkeit der beiden radikalen Annahmen vom Ende der Union in ihrer bekannten Form wieder zu – entweder als ihr endgültiges Scheitern oder als ihr endgültiger Erfolg.

Die Politik der EU ist grundsätzlich „politics as usual". In der Union agieren Politikerinnen und Politiker ähnlich wie in den Nationalstaaten – irgendwo zwischen idealistischen und eigennützigen Motiven. In der EU gibt es, davon kann man wohl ausgehen, grundsätzlich das gleiche Niveau an Korruption als anderswo. An dieser Realität sollte die Union gemessen werden – und nicht an einem Politikbild, das den in der Union politisch Aktiven die Charaktereigenschaften von Engeln zuschreibt, nur um dann umso maßloser enttäuscht zu sein, wenn sich die Politik in der EU insgesamt nicht anders präsentiert als anderswo: vor allem als Abtausch von Interessen.

In diese realistische Sicht passt das „Muddling Through" ganz gut. Die 5. Französische Republik braucht keinen charismatischen

Übervater mehr, und eben darin ist der Erfolg der Neugründung der Republik durch de Gaulle zu sehen. Die britischen Wählerinnen und Wähler haben 1945 Winston Churchill in die Opposition geschickt – wohl auch, weil seine historisch übergroße Persönlichkeit nach dem Sieg im Zweiten Weltkrieg für den politischen Normalbetrieb als zu geschichtsmächtig und nicht genügend alltagstauglich eingeschätzt wurde. Der Alltag stabiler Demokratien ist ein durch dieselbe Kompromissnotwendigkeit und denselben ermüdenden Pragmatismus gekennzeichnet, der für die Union charakteristisch ist. Dominante charismatische Persönlichkeiten würden in dieser real existierenden Politik nur stören, wären auf Dauer wohl auch kontraproduktiv.

Es ist die für die EU keineswegs ungünstigste Prognose, die in der Zukunft der Europäischen Union vor allem dieses „Muddling Through" sieht. Zum einen nimmt die Einsicht in eine eben nicht so gloriose Realität der Union den Schein des Außergewöhnlichen, der jede Abweichung von den besonderen Erwartungen an die Union als besonders negativ erscheinen lässt. Zum anderen aber lässt diese Prognose die Zukunft der Union offen, vor allem auch offen für eine signifikante Weiterentwicklung der bereits vorhandenen bundesstaatlichen Komponenten der EU.

Der erste Kommissionspräsident der Europäischen Gemeinschaften, Walter Hallstein, hat die europäische Integration und damit die Union mit einem Radfahrer verglichen. Dieser kann bald schneller und bald langsamer, manchmal auch im Kreis fahren. Nur eines kann er nicht – aufzuhören zu fahren. Denn dann muss er absteigen; dann hört er auf, Radfahrer zu sein.

In diesem Sinne braucht die Union Beweglichkeit um der Beweglichkeit willen, Entwicklung um der Entwicklung willen – auch wenn deshalb vieles an ihrem Status höchst widersprüchlich sein mag. Dazu zählt etwa die Mitgliedschaft der Union in der Welthandelsorganisation WTO, die auffallend mit der Nicht-Mitgliedschaft der Union in der Weltbank und im Internationalen Währungsfonds IMF kontrastiert: ein in sich nicht logischer Kompromiss, der aber zukünftige Entwicklungen geradezu erzwingt. Dazu gehört eine Gemeinsame Außen- und Sicherheitspolitik, großartig verkündet, die sich aber nicht in einer UN-Mitgliedschaft und damit auch nicht in einer ständigen Mitgliedschaft im Sicherheitsrat der UN niederschlägt: abermals ein Kompromiss, ein „fauler" sogar, aber das Widersprüchliche dieses Kompromisses enthält genügend Dynamik, um die Entwicklung der EU für viele Jahre vorantreiben zu können. Ein weiteres Beispiel ist der explizite Kandidatenstatus für die Türkei, dem freilich dann nur nebulose Beitrittsperspektiven folgen – und keine ausdrückliche Beitrittsperspektive für die Ukraine: Widersprüchlichkeiten, die Walter Hallsteins Radfahrer noch für lange Zeit in Bewegung halten werden.

Die Methode des Jean Monnet bedeutet auch „Learning by Doing": Europa lernt während des und mitten im Prozess der real stattfindenden Integration. Daher ist es eine gute Nachricht, dass dieser Prozess bei weitem nicht abgeschlossen ist. Das lässt dem Europa der Union viel Zeit, die sozioökonomischen Brüche zwischen den EU-Staaten abzubauen. Das gibt den Gesellschaften Mittel- und Osteuropas Gelegenheit, mit ihren Nationalismen ähnlich umgehen zu lernen, wie sich dies Westeuropa schon Jahrzehnte früher angewöhnt hat. Das ermöglicht, die Folgen der finanziellen Maßnahmen zu beobachten und zu evaluieren, die 2010 und 2011 beschlossen wurden, um den wirtschaftlichen Zusammenbruch einzelner Mitgliedsstaaten zu verhindern.

Aus eurooptimistischer Sicht bietet das „Muddling Through" den großen Vorteil, dass es die Zukunft Europas offen hält; dass dieses Szenario die Denkmöglichkeit eines europäischen Bundesstaates nicht zerstört. Die Weiterentwicklung der Union kann nicht an der Realität der vor allem aus den Mitgliedsstaaten kommenden, national motivierten Widerstände vorbei betrieben werden. Die Union hatte immer wieder und hat auch aktuell Gegenwind. Ein Segeln gegen den Wind solcher Widerstände ist nur in Diktaturen möglich. Und da die Union jedenfalls keine Diktatur ist, sondern ein schwieriges Unterfangen, das von der öffentlichen Meinung in Irland genauso abhängig ist wie vom Ausgang griechischer Parlamentswahlen, muss die Entwicklung der Union auch mit Pausen einhergehen können.

Das Schicksal der Europäischen Verteidigungsgemeinschaft ist ein Warnsignal: Eine einzige Abstimmung in der Französischen Nationalversammlung, die eine fast zufällige, jedenfalls aber nicht vorhersehbare Mehrheit brachte, besiegelte 1954 das Schicksal dieses höchst ambitionierten Projekts. Jahrzehnte später nähert sich die Union wieder dem, was die EVG bezweckte: die Gemeinsame Außen- und Sicherheitspolitik (GASP) und die Europäische Sicherheits- und Verteidigungspolitik (ESVP) setzen dort an, wo die EVG scheiterte.

Die Hartnäckigkeit des Prozesses europäischer Einigung ist nicht das schlechteste Argument gegenüber dem Euroskeptizismus. Offenbar gibt es einen europäischen Bedarf an einer Verdichtung Europas – auch wenn diese oft im Kreise geht. Darin kann man ja auch die List der Geschichte sehen. Aber vor allem wird deutlich, dass das Europa der Union gebraucht wird – mehr denn je zuvor.

Nach zwei Weltkriegen und dem Holocaust und nach Erfahrungen mit totalitären Systemen hat Europa die Lehren aus den Schrecken des 20. Jahrhunderts und deren Wurzeln gezogen. Die Europäische Union als das wichtigste Instrument zur demokratischen Bändigung der europäischen Nationalismen ist vermutlich das Beste, was Europa ins 21. Jahrhundert mitnehmen konnte. Dass diese Union kein fertiges Produkt ist; dass sie – als Typus – der traditionellen Typologie der Lehre von den Staaten und den politischen Systemen nicht entspricht: das spricht nicht gegen die Union. Was die Europäische Union braucht, das ist die Offenheit, was ihre Zukunft betrifft.

Europa hat jedes Interesse an einer Weiterentwicklung des Integrationsprozesses. Eine Chance wie die Union wird Europa – vermutlich – kein zweites Mal bekommen.

Abkürzungsverzeichnis

EFTA	European Free Trade Association (Europäische Freihandelsassoziation)
EG	Europäische Gemeinschaft(en)
EGKS	Europäische Gemeinschaft für Kohle und Stahl
ESVP	Europäische Sicherheits- und Verteidigungspolitik
EVG	Europäische Verteidigungsgemeinschaft
EWG	Europäische Wirtschaftsgemeinschaft
EU	Europäische Union
EURATOM	Europäische Atomgemeinschaft
EZB	Europäische Zentralbank
GASP	Gemeinsame Außen- und Sicherheitspolitik
IMF	International Monetary Fonds (Internationaler Währungsfonds)
NATO	North Atlantic Treaty Organization (Nordatlantikpakt)
UdSSR	Union der sozialistischen Sowjetrepubliken
WTO	World Trade Organization (Welthandelsorganisation)

Literaturverzeichnis

(Auszug)

Bruter, Michael: Citizens of Europe? The Emergence of a Mass European Identity. London 2006 (Palgrave Macmillan)

Büchele, Herwig; Pelinka, Anton (Hg.): Friedensmacht Europa: Dynamische Kraft für Global Governance? Innsbruck 2011 (Innsbruck University Press)

Checkel, Jeffrey T.; Katzenstein, Peter J. (eds.): European Identity. Cambridge 2009 (Cambridge Univesity)

Coudenhove-Kalergi, Richard: Europa erwacht! Zürich 1934 (Paneuropa)

Haller, Max: European Integration as an Elite Process. The Failure of a Dream? New York 2008 (Routledge)

Hummer, Waldemar (Hg.): Die Finanzkrise aus internationaler und österreichischer Sicht. Vom Rettungspaket für Griechenland zum permanenten Rettungsschirm für den Euro-Raum. Innsbruck 2011 (StudienVerlag)

Leconte, Cécile: Understanding Euroscepticism. London 2010 (Palgrave Macmillan)

Markovits, Andrei S.: Uncouth Nation, Why Europe Dislikes America. Princeton 2007 (Princeton University)

Moravcsik, Andrew (ed.): Centralization or Fragmentation? Europe Facing the Challenges of Deepening, Diversity, and Democracy. New York 1998 (Council of Foreign Relations)

Neisser, Heinrich: Die europäische Integration – eine Idee wird Wirklichkeit. Innsbruck 2008 (Innsbruck University Press)

Oudenaren, John van: Uniting Europe. An Introduction to the European Union. 2nd ed. Lanham 2005 (Rowman & Littlefield)

Pollak, Johannes; Slominski, Peter: Das politische System der EU. Wien 2006 (Facultas UTB)

Puntscher Riekmann, Sonja: Die kommissarische Neuordnung Europas. Wien 1998 (Springer)

Taylor, Paul: The End of European Integration. Anti-Europeanism examined. London 2008 (Routledge)

Namensregister